小学校理科

科学史の活用で理科が変わる

工藤　隆継
ソニー科学教育研究会
青森支部
共著

学校図書

はじめに

　千年に一度といわれる東日本大震災から、私たちは多くのことを学ばなければならない。中でも最大の学びは、福島第一原子力発電所の事故がなぜ起こったかである。「原子力の安全神話の崩壊」や「統治不能の原子力」など、原子力発電に批判の矛先が向いているが、原子力発電そのものに罪をかぶせても事故の本質は見えてこない。最大の問題は過去の津波に関する情報があったにもかかわらず、そこから謙虚に学び、最悪のケースを想定して対策を講じるという科学的な態度に欠けていたことである。万が一に備える慎重さと危機回避への投資という危機管理に問題があったのである。現実に今日の事態を予測した人もいたのだから、そうした声に耳を傾け、過去に学ぶ科学的態度さえあれば、十分に防ぐことができたのである。その意味では百パーセント人災である。科学や科学技術を扱う人（ひと）の心がいかに大切かを思い知らされた大震災であった。

　一方、理科教育においても全く同じことが言える。私たちは今に満足し過ぎてはいないだろうか。今を疑わず、過去を振り返らない行為は、原発の安全神話と同じである。理科教育において過去を振り返ることは、科学史を学ぶこととかなりの部分で重なる。科学史という引き出しの中には、驚きの事実、思わず共感してしまう事実、感動の事実など、未知の情報満載である。残念ながら、わが国の理科教育には、その引き出しを引いてみるというカリキュラムがほとんどない。今こそ、その引き出しを引いてみるときである。そして、理科教育が科学的事実や知識を学び取ることだけでよいのかを考えてみるべきである。それが、過去に学ぶということである。過去に学び、そこから見えてきた課題に科学的に対応し、新しい理科教育を創造していかなければ、いつか後悔することになる。科学史は、私たちを本物の理科教師に育ててくれる偉大な師なのである。

　また、私たちは科学を出来上がった知識として何の疑いもなく受け止めている。そして、それが、偉大な先輩たちが築いた文化遺産であることも忘れている。事例を示そう。理科の授業で何の感慨もなく乾電池を子どもに与えてはいないだろうか。乾電池があまりに日常的過ぎて、その価値を忘れているとそうなる。改めて見直してみると、乾電池ほど不思議なものはない。中に何が入っているかはともかく、電球を灯し、モーターを回し、音楽を聞かせてくれる。その便利さは、まるでドラえもんのポケットである。しかし、皆、自分が初めて乾電池に出会ったときの、なんとも言えぬ不思議さを感じたあの感覚を忘れてしまっている。私たちの乾電池への接し方が無機質、無感動なものだとしたら、せっかくの子どもの感性の芽を摘んでしまうことになるのである。

　ものには全て始まりがある。電池の始まりは、1800年にイタリアのアレッサンドロ・ボルタが発明したボルタ電池である。その後、エールステッドによる電流が流れると方位磁針の針が振れることの発見、アンペールのコイルの発明、スタージョンの電磁石の発明、ファラデーの電磁誘導の発見など、現代の電気ライフの基礎を築く発明・発見が次々と続くが、全てボルタ電池なしにはなし得なかったことである。また、電池自体も進歩し、今私たちが使っている乾

電池の原型、マンガン電池が発明されたのは1867年のことである。

　こうしてみると、電池の人類に対する貢献はとてつもなく大きい。そのことが分かれば、回路に挟みさえすれば電気が流れてくれる乾電池のすごさと不思議さに感動し、いとおしくさえ思えてくる。こうした感性は、科学史を学んだ教師でなければなかなかもてないであろう。そして、同じことが豆電球にも言える。電流が流れてピカッと点灯するのを3年生が初めて見たとき、「ワー！」という歓声があがる。それは昔も今も同じである。しかし、多くの教師は、自分も歓声をあげたあのときのことを忘れている。まるで、子どものころの感性を失うのが大人だとでも言うかのように。そういう自分を目覚めさせてくれるのが、トーマス・エジソンに関する科学史である。エジソン電球のフィラメントが京都の八幡の竹を炭にして作ったことを知った瞬間に、豆電球の明かりはただの明かりではなくなる。

　このように、それぞれの科学の産物には大変なドラマがある。それを知ったとき、私たちは無機質で無感動な教師ではいられなくなる可能性がある。乾電池や豆電球に対する扱いが変わり、恐らく指導内容や指導法さえも変わってくる。科学に対する思いがマグマのような熱い塊となって教師の心の中に芽生えてくるからである。そして、そうした授業を受けた子どもとそうでない子どもでは、科学に対する心構えや愛情が天と地ほども違ってくる。

　このように、教師が科学史を学ぶことによって、理科教育の可能性は多方面にわたって広がっていく。ソニー科学教育研究会（SSTA）青森支部がそのことに気付き、理科の授業に科学史を活用することの研究に取り組み始めたのは平成16年のことである。以来、夏と冬の合宿研究会では会員による研究発表が続き、子どもが心から納得する授業がたくさん報告された。それとともに、科学史を活用する授業の無限の価値と可能性を知り、私たちは今、「科学史の活用によって理科が変わる」ことを確信している。そして、「理科を変える」ために、全国の実践者にその思いを問わなければならないと考えるに至った。当時、青森支部長として本研究を提案した者としては、感慨ひとしおのものがある。本州の最果てから日本の理科教育を変えようという熱いエネルギーがほとばしっていることを、誇りにも思う。本著が我が国の理科教育の発展に少しでもお役に立つことができれば、それ以上の喜びはない。

　なお、本著の発行で私たちの研究が終息するわけではない。「理科を変える」本当の研究はここから始まると考えている。本研究が、多くの実践者から忌憚のないご意見やご批判を賜り、さらなる進展につながっていくことを切に願っている。

　最後に、期限が迫る中、発行に向けて最大限にご尽力くださった学校図書株式会社の前沢氏には、心よりお礼を申し述べたい。

2011年9月6日
著作者代表　　工藤　隆継

INDEX

はじめに …………………………………………………… 2
目　次 ……………………………………………………… 4

① 今なぜ科学史なのだろう …………………… 6

科学史の活用は小学校理科の革命 ……………………… 6
「理科」と「科学」、「科学が好き」ということ ……… 7
科学史活用の研究の流れ ………………………………… 7

1 その1 ●●● もっと深い授業を目指す ………… 8
「溶ける」ってどういうこと？ ………………………… 8
ドルトンの原子説 ………………………………………… 10
「溶ける」って本当は難しい …………………………… 11
時空を超えた科学者との対話 …………………………… 12
学習指導要領の課題？ …………………………………… 13

2 その2 ●●● 理科で本当に大切なこと ………… 15
PISA学力テスト ………………………………………… 15
2009PISAテストから見えてくる課題 ………………… 16
１本の導線と方位磁針 …………………………………… 21
子どもの個性にあった学習形態 ………………………… 22

3 その3 ●●● 教師の理科の授業力を高める …… 24
①教師が科学に対して深い思いを持つ ………………… 25
　　素朴概念と誤概念 …………………………………… 25
　　ガリレオの振り子の等時性の発見 ………………… 26
　　科学史に感動する教師 ……………………………… 27
　　ガリレオも筆の誤り ………………………………… 29
　　科学に思いを持つ教師の授業力 …………………… 31
②授業のアイデアが豊かな教師 ………………………… 31
　　エジソン電球の授業 ………………………………… 31

4

② 分子磁石 …… 34

- 磁石の科学史 …… 34
- 切っても、切っても、磁石になる …… 35
- 磁石は分子磁石の集合体 …… 36
- 分子磁石の考え方を導入する授業 …… 37
- 磁石の中のイメージ …… 38
- 改めて科学史を活用することの意味を問う …… 40

③ 科学史活用の今後の課題 …… 42

- 科学史活用の5つの場面 …… 42
- 今後の3つの課題 …… 43

④ 学校ぐるみの取り組み …… 45

実践事例

- ① 3学年 「電気の通り道（回路）」の実践 …… 52
- ② 4学年 「水の3つの姿」の実践 …… 67
- ③ 5学年 「ものの溶け方」の実践 …… 86
- ④ 5学年 「電流の働き（電磁石）」の実践 …… 99
- ⑤ 6学年 「水溶液の性質」の実践 …… 112
- ⑥ 6学年 「てこのはたらき」の実践 …… 132
- ⑦ 6学年 「電気の利用（発電）」の実践 …… 148

あとがき …… 163

① 今なぜ科学史なのだろう

科学史の活用は小学校理科の革命

　一言で言うなら「生きる力」、これが教育課程編成の基本理念である。そして、教育内容に関する主な改善事項として、「理数教育の充実」を強力に打ち出している。理科教育では小・中学校7年間の指導内容を系統性や連続性を重視して4区分に再編した。それに伴って新しい学習内容や授業時数が増え、教科書も厚くなった。理科教育に対しては、これまでも関係する学会や産業界などからその充実に向けて様々な提言や支援があっただけに、今、理科教育界は大きな期待感に包まれている。

　しかし、本著ではそれとは少し違った視点から理科の改革について述べたいと思う。教師の理科に対するアプローチを根本的に変える必要があると考えるからである。要するに、本著においては、理科の授業が科学史を活用することによってとてつもなく楽しく奥深いものになることを述べたいのである。さらに、科学史を活用することによって、子どもたちがこんなにも理科や科学が好きになり、かつ考える力が育つことを、そして、そのことによって革命的と言っていいほどドラスティックに理科が変わることを、自らの体験をもとに述べていきたいと考えている。

　ただ、一口に科学史の活用といっても様々なバリエーションがある。それは追って説明するとして、まず科学史を活用するということは具体的にどういうことなのか、なぜ私がそういうことを思い立ったのかについて具体例を示して述べたい。

　その前に、まず私たちが理科教育を通してどのような子どもを育てたいと考えているのか、その立場を明らかにしておきたい。私たちが求めるのは、知的好奇心にあふれ、創造力豊かに考え、自ら確かめることが大好きな子どもである。それは、一言で言うなら、科学や理科が大好きな子どもということになろう。そのためには、それなりの理科の授業像というものがある。本著のテーマである科学史を活用することは、この目指す子ども像にアプローチするための一つの手段に過ぎないのだが、そのことによって、理科の教材、単元構成、教師の教育観などが大きく変わる。私たちはこれまでの実践を通して、科学史を活用することには期待以上に大きな意義があると確信している。本著の結論として、まずそのことを冒頭に述べておこう。

「理科」と「科学」、「科学が好き」ということ

　また、本著では、「理科」と「科学」を併用しているが、この二つは決して同意語ではない。例えば、「理科が好き」や「科学が好き」という場合は、おそらく同じ意味で使っていると思うが、「科学することが好き」とは言っても、「理科することが好き」とは言わない。「理科」は教科なので誤解も混乱もないが、「科学」は誰でもが分かっているようでも、人によってそれぞれ受け止め方が異なっている。広辞苑によると「科学」の②では「狭義においては自然科学と同義」とあるが、①では「世界の一部分を対象領域とする経験的に論証できる系統的な合理的認識」とある。狭義の場合は、物理学や化学・生物学などの自然科学を意味するが、一方において社会科学、人間科学などもあり、その範疇は非常に広い。本著ではその時々によって①・②の両方の意味で用いているが、さらに「知り得た成果としての科学」にとどまらず、「知るための作用や行為という意味での科学」という使い方もしている。つまり「科学＝探究」、「科学する＝探究する」であり、「科学が好きな子ども」という場合は、「自然科学が好きな子ども」というより、「分からないことや不確かなことを積極的に明らかにしようとする子ども」をイメージしている。本著では、「科学」という言葉の中に、「人としての在り方」や「生き様」という哲学的な意味を含めていることをお断りしておきたい。

科学史活用の研究の流れ

　このところ、理科学習に科学史を活用することの意義やその事例が、教育雑誌等で紹介されるようになった。これまでも科学史の研究者はいたと思うし、科学史を取り入れた理科の実践もあったに違いないのだが、それが極めて稀なものであったことは想像に難くない。理科教育研究全体の構図の中では、傍流の域を出なかったことは誰もが認めるところである。それが今、点から線、そして面というように、一つの現象の誕生を予感させる時代になってきた。

　実は、我が国には日本科学史学会という科学史研究を目的とする学会があり、論文誌「科学史研究」を刊行するなど、その研究者は決して少なくない。ただ、そうした研究を実際の理科教育に、特に小学校理科に生かそうという流れにはなっていないことも確かで、そこのところを改善したいという願いもあるようである。本著がその一翼を担うことができれば幸いと考えている。

　では、なぜ今、科学史なのだろう。私たちにとっては、指導内容や授業時数を増やしただけでは決して解決できない現状の理科教育に対する強い危機感があるからである。その根底には、「理数教育の充実といっても、現場の教師の意識は少しも変わっていない」、「相変わらず、理科教育を苦手としている教師が多い」、「理科教育に漂うそうした閉塞感を何としても打破したい」という理科教師の熱い思いがある。その危機感とは、これから述べる１～３の３点である。

1 その1 … もっと深い授業を目指す

　現象を深く考えることなく、上っ面を流れる理科の授業が増えていることへの危機感がある。「なぜ、そうなるのか」を追究する探究の授業ではなく、現象を事実として認識する授業が多いのである。これでは問題解決は成立しない。

　このことは、現在の日本の理科の教育力が低下しつつあることと無関係ではない。特に小学校では、いわゆる文系の教師が増えていることもあり、理科の指導が苦手という教師が増えている。その結果、とりあえず知識さえ定着させればよしとする、深く考えさせない通り一遍の指導が多くなっている。そのような授業で、子どもが本来持っている知的好奇心が満足されるとはとても思えない。子どもが目をらんらんと輝かせ、自分の問いを追究し続ける理科でなければ、子どもが理科好きになることなど期待できない。また、創造的・科学的に考え、論理を積み重ねる理知的な子どもへの育ちも期待できない。そのことを憂えるのである。

「溶ける」ってどういうこと？

　具体的な事例をもとに説明しよう。5学年に「物の溶け方」の単元がある。この単元には、「物が水に溶けても、水と物とを合わせた重さは変わらないこと」という学習内容がある。ここでは、「水100gに食塩10gを入れて溶かすと何gになるだろう？」というような問いかけがよくなされる。実際に確かめてみると110gになるのだが、そのとき、「100＋10＝110で、食塩が溶けても重さは変わらない」と、現象を事実としてあっさりまとめる「教えんがための授業」がよく行われている。確かに事実に学ぶのが理科という教科ではあるが、110gになることの背景について考えない授業では、豊かに発想し論理的に考える子どもに育つことなど到底期待できない。結論から言うなら、理科の授業はここで終わりなのではない。単に足し算をして事足りるならそれは算数である。実は、ここから本当の理科が始まるのである。ここで重要なことは、食塩が溶けて姿が見えなくなっても重さが変わらない（質量保存）ことに対して、どうしてそういうことが起こるのか、自分なりに解釈することなのである。

　現実に、食塩が溶けると姿が見えなくなるので、なんとなく重さもなくなる（もしくは少な

くなる）と考えている子どもが少なからずいる。単元のどの場面かにもよるが、単元の始めに行った私たちの調査では、およそ4割の子どもが溶けると重さがなくなると考えていることが分かった。そういう子どもたちの胸の内では、「どうして重さが変わらないのかなあ？」という漠然とした疑問がくすぶっている。このように、子どもの思考傾向が読めれば、次に打つ手が見えてくる。それが指導計画というものだ。

ところで、この場面で、なぜ重さが110gのままなのか、溶けるということはどういうことなのか、子どものイメージを図に描かせたり説明させたりした経験を持つ教師も多いことだろう。この「溶ける」に対しては様々な考えが出されるが、大きく分けて、「食塩が液体のようになって水と同化する」というようなイメージと、「食塩が溶けて目に見えなくなっても、小さい粒として水の中に存在している。だから重さが変わらないのだ」というイメージとがある。液体説と粒子説である。この場面でどちらが正しいと思うか議論させても、ミクロというよりナノの世界の話だけに両者に決定打はなく、一定の結論に至ることは至難の業である。仕方なしに、「この先のことは中学校で勉強するので、楽しみにしていてね」と、中学校に下駄を預けてしまったりしている。かく言う私もその一人だったのだが、はたして中学校の理科はその負託に応えるだけのものになっているのだろうか。

しかし、観察した事実をもとに、自分なりに解釈していくことが理科の面白さや醍醐味であり、その結果として論理的思考力や創造性を高め、理科が好きになっていく。そういう意味では、ここまでの試みは決して無駄ではないと私は思う。だからこそ、このままで終わってはいけないのである。子どもは、考えが対立すればするほど、真実をすぐにでも知りたいと願っている。このときの子どもの心理は明らかな不快状況にある。心ある教師なら、そのニーズに応えたいと思っている。ところが、液体論にしても粒子論にしても確かめる術がない（この問題は、実際は中学校にしても同じことなのだが…）。

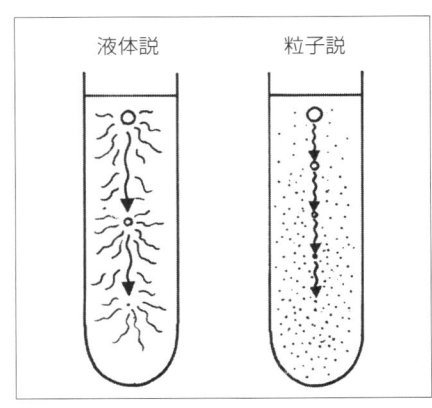

1 今なぜ科学史なのだろう | 9

実は、小学校の理科は、子どもの考えを子どもの考えたやり方で確かめることが基本中の基本であり、子どもの力で確かめられないことは扱わないという暗黙の了解がある。だから、これまでは「溶ける」ことのイメージを問うような授業は一部でしかなされなかったのである。多くの教師がジレンマに陥っているこの状況を打破する道はないものか。それがあるのだ。

ドルトンの原子説

　私は、この場面でこそ科学史を活用すべきと考えている。やり方は簡単である。いにしえの科学者が、同じ問題をどのように考えたのかを紹介するだけである。

　例えば、次のようなことを話して聞かせるのである。「この問題を、人類はどのように考えてきたと思いますか。今から2400年以上も前の紀元前420年ごろ、古代ギリシャ時代のことです。デモクリトスという人がいて、りんごをどんどん分割していったら、最終的にはこれ以上は分割することができない究極の粒になると考えました。この究極の粒のことを原子（アトム）と呼びました。だから、食塩も最終的には目には見えない小さいアトムになると考えたのです。しかし、そのことを確認する方法がなかったので、その後この考えは忘れ去られていました。この問題を人類が解決できたのは2200年も立った今からわずか200年前のことです。イギリスのドルトンという科学者は、1803年に実験の結果から、物質はそれ以上分割不可能な原子からできていると提唱しました。デモクリトスが頭でかんがえただけの原子だったのに対して、ドルトンは実験の結果からそうとしか考えられないと結論付けたのです。これを原子説といいます。この考えに従うと、食塩も水も目に見えない小さい原子からできているということです」。そして、「それでは、ドルトンだったら、食塩が水に溶けるということをどのように考えると思いますか？」と子どもに想像させるのである。

　当然のことながら、ドルトンの原子説に立場に立つなら、大多数の子どもは「食塩の原子が水の原子の中に入っている」と考える。そして、それは自分たちの半数が考えた「粒子説」と同じイメージなのである。そのことに子どもは驚く。ドルトンと同じく原子説に立って溶けるという現象を解釈した自分に、そして仲間に驚くのである。

　科学史上ではドルトンの原子説は、ほ

どなくアヴォガドロの分子説に塗り替えられることになるが、ここではそのことは問題ではない。子どもの考えを尊重し共感してあげることが大事なのである。そして、「歴史上有名な科学者のドルトンは、皆さんと同じように考えました。偉大な科学者と同じように考えるみんなってすごいですね。もしも皆さんが200年以上早く生まれていたら、歴史に名を残す大科学者になっていたかもしれませんね」と結ぶのである。

「溶ける」って本当は難しい

　子どもの好奇心は限りなく旺盛である。ドルトンの話を聞いても満足しない子どもが必ずいる。なにしろ半分近くが液体説だったのだから。そんなときに試してみると面白い実験がある。
　それは、この場面で「コーヒーも水に溶けているのだろうか？」と問うのである。私のこれまでの実践では、ほとんどの子が「溶けている」と答えている。おそらく大人に聞いても同じだろう。さらに、「それなら、食塩水、コーヒー、ウーロン茶、牛乳はどう？」と尋ねるのである。これは、子どもにとってかなり悩ましい場面である。しかし、牛乳を除けば「溶けている」と予想する子どもが多い。ここまで悩ませてから、それぞれを試験管にとり、レーザーポインターの光線を当てて見せるのである。下の写真のように、食塩水ではレーザー光線の軌跡が見えないが、コーヒーや牛乳では光線の軌跡がはっきり見える。私の実践では、子どもたちは、これはコーヒーや牛乳の粒に光がぶつかって反射している（チンダル現象）からだと瞬時に判断している。そして、食塩水の場合は光線が反射できないほど食塩の粒が小さいが、コーヒーや牛乳は粒が大きいのだと推論している。しかし、溶けているかどうかについての子どもたちの解釈は、「コーヒーも牛乳も水に溶けているが、食塩より粒が大きい」と、「コーヒーや牛乳は粒が大きいから溶けていない」の二つに分かれた。

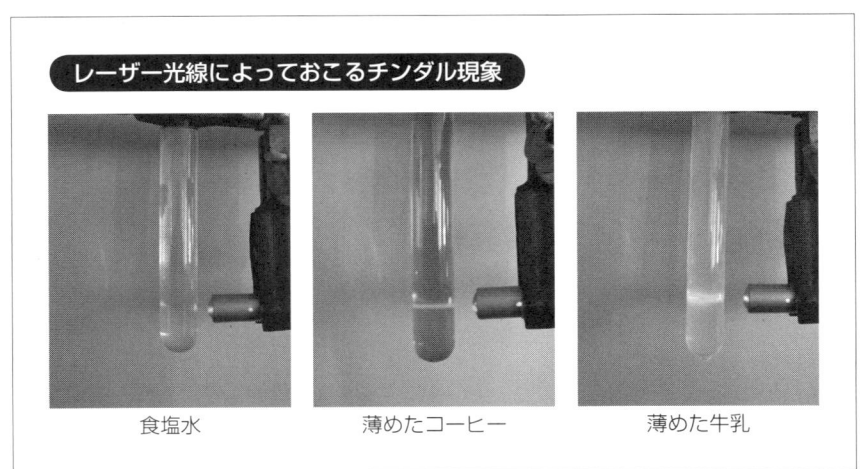

子どもの予想通り、コーヒーや牛乳はずっと大きい粒子が散らばっているために、光を散乱させているのである。このような溶液をコロイド溶液という。日常生活では「溶けている」と誰もが言っているような溶液でも、「溶けている」と「溶けていない」の境界に位置する微妙なものが身の回りにはたくさんある。泥やでんぷんのように明らかに沈殿するものは分かりやすいのだが、実は「溶ける」の定義は日常的な感覚と科学の世界とでは異なるだけに容易ではない。さて、コーヒーは溶けていると言えるのだろうか。それとも、溶けているとは言えないのだろうか。ここは、敢えて結論を出さないでおこう。この件について、この後なお詳しく追究する場合は、本著の実践編、5年「物の溶け方」の実践事例を参考にしてほしい。

　このように、子どもが本気になって追究すると、問題はどんどん深まり、教師の想定を飛び越えていくことがある。そして、深く深く考え、ぐんぐん「溶ける」の本質に迫っていく。要するに、「教科書や指導要領に縛られてばかりいないで、たまにはこうした自由闊達な理科の授業をしてみませんか」と言いたいのである。

時空を超えた科学者との対話

　コロイド溶液との比較まで来ても、問題は完全に解決したとは言えないのかもしれない。しかし、子どもにしてみれば、自分たちが歴史上の科学者と同じような問題を同じようなレベルで考えたという事実が大きいのである。それで十分に納得し満足そうな表情になる。自然の成り立ちの深さに、あるいはそこに迫りつつある自分の姿に感動しているのである。

　食塩は水に溶けても全体の重さは変わらないことを単に事実として知ることと、食塩は水に溶けても細かい粒として水の中に存在しているのだから重さが変わらないのだと説明できることでは、理解の次元が天と地ほども異なる。科学史を活用することによって、子どもはじっくり考える深い授業になっていく。まさに、理科がドラスティックに変わるのである。

　これまでの記述で、科学史を活用することと科学史を教えることとは次元を異にすることは理解していただけたものと思う。科学史を活用することの一つの目的は、子どもたちが今まさに直面している問題をいにしえの科学者がどのように考え、どのような実験をし、その結果をどう解釈したかを紹介することである。そのことによって、子どもたちは自分の

考えとどこが同じでどこが違うか比較検討する。そして、どちらがより論理的か、また、どちらがより事実に即しているか、さらに、どちらが現象を説明しやすいかなどをじっくり考えることになる。この子どもたちの自問自答を本著では「時空を超えた科学者との対話」と呼ぶ。ただし、紹介する科学者の考えや解釈が常に正しいとは限らない。授業の流れの中では、時として「燃焼の学習におけるフロギストン説」、「ヘルモントのヤナギの実験結果の解釈」など、理屈に合わない科学者の考えや考察などを紹介することもある。このような科学者との対話の結果、子どもたちはいにしえの科学者の優れた見方や考え方を学び、自分の発想力や論理的思考力を高めていくのである。しかも、科学者の考えを妄信するのではなく、自分で考え判断することや批判的に考えることの大切さをも学んでいく。このような場面を上手に作れる教師こそが、プロ中のプロというものである。

学習指導要領の課題？

　今回の学習指導要領の改訂では、新たに「粒子」の区分が誕生した。その内容としては、粒子の存在や粒子の結合、粒子の保存性、粒子の持つエネルギーが含まれる。このことにより、現象を粒子概念で説明する場面が数多く誕生し、自然を深く捉えようとする学習が可能となった。「物の溶け方」の学習は「粒子の保存性」の内容であり、粒子という概念を武器に、「溶ける」という現象をより深く解釈できるようになることがねらいである。その学習の行き着く先には、「物が水に溶けても小さな粒として水の中に存在しているのだから、全体の重さは変わらない」という見方や考え方ができる子どもの姿がある。これは、現行の理科教育から一歩も二歩も踏み込んでおり、理科教育に風穴を開ける極めて時機を得た取り組みだと私は受け止めている。

　しかし、科学史を活用することなしにそれが可能だろうか？私はそこを危惧する。これまでの実践を振り返ってみても、空気や水に関する現象を扱う単元では、かなりの子どもが粒子論に立った見方や考え方をすることが分かっている。しかし、一方で必ずそれと対立するイメージを持つ子どももいて、その対立を解決する方法がないという現状は今もこれからも少しも変わらない。せっかくの子どもの粒子論のイメージをどう扱いどう発展させるのだろうか。残念ながら、学習指導要領はそこのところがよく見えない。結局、解決を中学校に先送りするほかないのだろうか。せっかくの新しい試みも、詰めが甘ければ中途半端に終わってしまいそうである。

　一方で、教師が原子論に関する情報を与えることは、結果として粒子論を教えることになりはしないかという反論もあろう。私はその反論を敢えて受け入れる。しかし、仮にそうだとしても、子どもが科学者の考えに共感したり反論したりして科学者と対話をすることには何の問題もない。子どもにとって科学史も一つの情報である。その情報が正しいか間違っているかにかかわらず、比較の対象となる情報を得ることで、子どもは考え直しイメージをより確かなものとし、自分なりに納得して

いく。そして、そこまで深く考えやり抜いた自分自身に満足し、自信を深めていく。そのことが大事なのである。こうした学習の連続によって、「生きる力」が高まっていくからである。理科の時間の目標は、ある意味、子どもが自分の疑問に対して納得する解を見つけることにあると言うこともできる。

　実際問題として、どっちの考えが正しいのかを子どもの力で確かめる術を失ったとき、私たちにはいにしえの科学者の考えや実験を紹介するしか打開策は残されていないのではないかと思う。科学の進歩のプロセスを紹介することに、ことさら慎重になる必要はないと私は考える。子どもの学びは、もうすでに当該学年の目標を超えている。あとは＋αのおまけなのだから何の遠慮もいらない。おおらかで自由な雰囲気の中で子どもの反応を楽しんではどうだろう。それがあるから理科は楽しいのだ。このような場面でこそ、私たちは子どもを知ることができる。「子どもってこういうふうに考えるものなのか」、「子どもってここまでやれるんだ」と、日々新しいことの発見

だ。私たちはそろそろ「教えることはいけない」という呪縛から解き放たれるべきである。「教える」にもいろいろあるのだ。

　極めて大局的な物言いをすれば、教育とは、理科といえども結局のところ教えなければならないことは山ほどもある。しかし、教師が子どもの先行経験を上手に引き出し、それと目の前の問題とを関係付けて考えさせたり、子どもの考えと対立する考えを紹介して論点を焦点化したりしていけば、子どもは教えられたとは気付かぬうちに教えられた結果となる。それこそが教育の極致である。科学史を紹介することも、そこに至る一つの道なのだと私は考えている。今回の学習指導要領の改訂は、そこまでの覚悟を持って取り組むことによって初めて大きな成果が得られるのではないだろうか。

2 その2 … 理科で本当に大切なこと

PISA学力テスト

　私たちが科学史を活用するわけの二つ目は、OECD国際学力テスト（PISAテスト）の結果と無縁ではない。資源の乏しい我が国は科学技術創造立国でしか国際競争の荒波を乗り越える術はなく、国民の高い教育水準、とりわけ科学技術教育での高水準のキープは国の存亡にかかる重要な案件である。優秀な人材は一部で、後は愚民でもよしとする国家など先が見えている。その意味でOECDのような国際比較学力テストの結果は、他国以上に関心を持たざるを得ない問題である。

　ところで、この国際比較学力テストは、義務教育終了段階の15歳児が持っている知識や技能を実生活の様々な場面でどれだけ活用できるかをみるもので、「読解力」「数学的リテラシー」「科学的リテラシー」の3分野で実施している。2000年を第1回に3年に1回実施しているが、わが国は特に前回、前々回と「読解力」の分野で大きく順位を落とし、社会問題化（PISAショック）したことは多くの国民の知るところである。

　しかし、2010年12月に発表された2009年の調査結果は、下のように過去2回にわたる低落傾向に歯止めがかかったとも言えるものであった。この結果に、文部科学省を始めとする教育関係者の多くは胸をなでおろしたことだろう。【（　）は参加国数】

実施年 分　野	2000年 順位	2000年 得点	2003年 順位	2003年 得点	2006年 順位	2006年 得点	2009年 順位	2009年 得点
読　解　力	8 (31)	522	14 (40)	498	15 (56)	498	8 (65)	520
数学的リテラシー	1 (31)	557	6 (40)	534	10 (57)	523	9 (65)	529
科学的リテラシー	2 (31)	550	4 (40)	548	6 (57)	531	5 (65)	539

　そして、この調査結果に対して、平成22年12月7日、髙木文部科学大臣は次のようなコメントを出している。

　今回の調査結果によると、(1)わが国の読解力は前回調査（2006年）と比べて平均得点が統計的に有意に上昇し2000年調査と同水準（上位グループ）まで回復したこと、(2)数学的リテラシーは前回同様OECD平均より高得点グループに位置したこと、(3)科学的リテラシーも前回同様上位グループを維持していることが分かりました。
　各リテラシーとも前回調査から下位層が減少し上位層が増加しており、読解力を中心に

> 我が国の生徒の学力は改善傾向にあると考えます。
> また、生徒に対する質問紙調査からは、2000年調査時点との比較で読書活動が活発化し、読書に対して積極的に取り組む傾向などがみられています。
> 平成22年6月に閣議決定した「新成長戦略」において、「国際的な学習到達度調査において日本が世界トップレベルの順位になることを目指す。」としているところですが、今回の調査結果から、我が国はその目標に向けて順調に歩みを進めていると考えます。
> これは、まず、何よりも生徒本人、家庭、各学校、地方公共団体が一体となって学力向上に取り組まれた成果のあらわれであると考えています。また、全国学力・学習状況調査の実施(平成19年4月から)とそれを踏まえた取組のほか、「学びのすすめ」(平成14年2月)、学習指導要領の「基準性」の明確化による発展的内容の指導の充実(平成15年12月)、読解力向上プログラム(平成17年12月)などの文部科学省のこれまでの各種政策が一定の効果を挙げたものと認識しています。
> 一方で、(1)世界トップレベルの国々と比較すると依然として下位層が多いこと、(2)読解力は、必要な情報を見つけ取り出すことは得意だが、それらの関係性を理解して解釈したり、自らの知識や経験と結び付けたりすることがやや苦手であること、(3)数学的リテラシーは、OECD平均は上回っているがトップレベルの国々とは差があること、(4)読書活動も進展したとはいえ諸外国と比べると依然として本を読まない生徒が多いことなどの課題も明らかになっています。

「我が国の生徒の学力は改善傾向にある」とする総括や、そこに至った諸政策の成果に対するコメントはおおむね当たっているだろう。しかし、現場感覚で言うなら、PISA型学力が国民的関心事となり、ほとんどの教師が自分の指導した子どもの学力に対して強い責任を感じるようになったという教師の意識変化が大きかったと思う。

2009PISAテストから見えてくる課題

今回のPISAテストの調査結果は、確かに日本の教師の意識変革が読み取れるものであった。しかし、それでもなおいくつかの課題が見え隠れしている。

1点目は、「読解力の改善」があまりにも急務だっただけに、分析がそこに偏り過ぎていることである。まるで、科学的リテラシーに関しては何事もなかったかのようなラフなコメントだが、果たして問題はないのだろうか。実は、この調査で比較検討すべきは順位ではなく得点である。参加する国・地域が多くなれば順位が相対的に下がるのは仕方のないことなのだから得点の推移にこそ注目しなければならない。例えば科学的リテラシーの順位は、2009年の調査で日本の上位にある上海・香港・シンガポールは2000年には参加していなかったので、仮に当時と同じ参加国ならば順位は2位で変動がないことになる。しかし、得点に注目すると、2009

年の539点は2000年の550点や2003年の548点には及んでいない。つまり順位では問題がないように見えても、中味には問題があることになる。とりわけPISA調査の特色となっている「知識や技能を実生活の様々な場面で活用する能力」の点では課題があると見るべきで、小学校も含めた理科教育全体の在り方が問われている。この問題の解決のためには、問題解決的な授業はもちろん、実生活の中で知識や技能を活用・応用する場面を工夫したり、実生活の中から問題を見出したりするような授業が求められているのだが、マスメディアも含めて、そのことをあまり話題にしないことが不思議である。

　２点目は、我が国は習熟度レベル１以下の下位層が上位国の中では最も多いことである。「読解力」においては韓国5.8％、フィンランド8.1％、香港8.3％に対して、我が国は13.6％にも達している。「科学的リテラシー」においても、下位層は10％を超えている。このように学力格差が大きいことや、１割以上が日常生活にも支障をきたしかねない学力状況にあることは看過できる問題ではない。その原因が個々の能力の問題ならば仕方がないが、それ以上に様々な事情で途中の学習履歴が欠落していることが考えられる。具体的には、不登校や学習への意欲の急激な喪失である。

　この問題に小学校理科は責任がないのかといえば、実は大ありである。なぜなら、小学校では理科は子どもが好きな教科の代表であり、ほとんどの子は実験が大好きだと言っているからである。その実験すらきちんとやられていない可能性がある。理科は誰でも活躍できるチャンスがある。何であれ好きなことがあれば子どもは自分の居場所ができるので学校嫌いにはならない。心ある教師は、理科で子どもを学校に引き留め、理科で子どもを育てている。一方で、子どもがわくわくするような興味深く楽しい理科の授業をしていない教師がいることは残念なことである。要するに科学の魅力を知らない教師が多過ぎるのである。科学に関

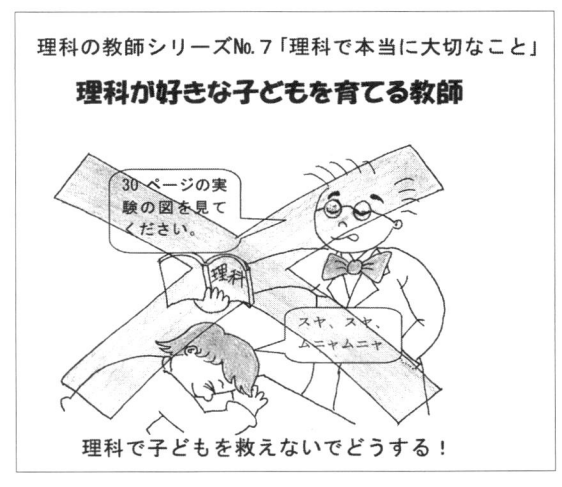

する感動体験のない教師が、どうしてそれを子どもに伝えることができるだろう。今、教師の科学教育に対する資質が問われているのである。

3点目は、読解力に関して、「必要な情報を見つけ出し取り出すことは得意だが、それらの関係性を理解して解釈したり、自らの知識や経験と結びつけたりすることがやや苦手である」と分析していることである。しかし、この問題は決して「読解力」だけの問題ではない。なぜなら、そもそも日常生活の中で、関係性を考えて解釈したり自分の経験と結び付けて考えたりする体験が子どもにあるとは思えないからである。体験のないことを字面だけ見て想像することは非常に難しい。読解力は子どもの体験や感性なども含んだ全人的な能力であり、国語科だけで解決できる課題ではない。とりわけ理科では、具体的な現象や事実を基に原因と結果の因果関係を深く考え、実験の結果をしっかり考察する中で、関係付け解釈する体験を積み重ねていく。その体験が想像力となって働き、読解という行為を助けるのである。

このように理科の学習体験は他の様々な学習場面でも生きて働く。今後は学力の教科間の補完関係についても吟味し、学力をより総合的に捉える発想が求められている。理科教育の今後の方向についても、そういう視点に立って考える必要がある。

4点目は読書活動の進展に関する問題である。今回の調査で、我が国では「趣味で読書をすることはない」と答えた生徒が44.2％で、参加国中下から7番目の低さであった。それでも2000年より10％も増えたのは、朝読書などが広がりを見せていることの成果とも考えられる。確かに一時の活字離れという現象は改善しつつある。しかし、問題は何を読んでいるかである。科学教育の振興という立場からすれば、いわゆる科学ものがどの程度読まれているのか興味のあるところではあるが、小学生の実態から想像するに多くは期待できないであろう。この問題は我が国の未来づくりの根底に関わる問題なだけに、何かしらの対策が必要である。

こうした中で2010年から2011年にかけて、我が国では科学の面で未曾有の事件が相次いだ。小惑星探査機「はやぶさ」の60億kmに及ぶ宇宙の旅からの無事帰還。根岸英一氏と鈴木章氏のノーベル賞受賞。そして2011年3月の巨大地震と巨大津波による大震災とそれに伴う原子力発電所の事故の問題である。科学の明暗を分けるそれぞれの事件は、改めて人々の目を科学の世界に釘付けにさせた。全国各地で開催された「はやぶさ」展はどこもかしこもたくさんの親子連れで賑わい、全ての日本人に明るい希望を与

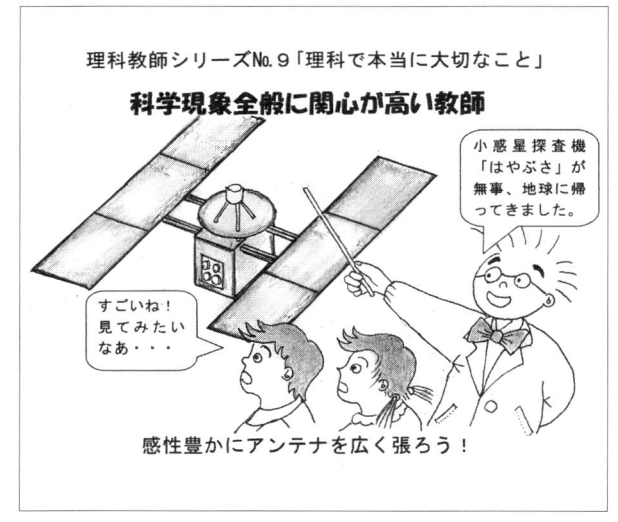

えた。しかし、これはマスコミ先導の話題であり、今後も継続的な宇宙に関する情報発信が続かなければ、人々の関心はあっという間に萎えてしまうだろう。「はやぶさ」の成功を一時のブームで終わらせてはいけないのである。

また、大震災では人知を超える自然の猛威に驚愕し、人々は地球規模の大地の成り立ちに無関心ではいられなくなった。地震を引き起こすプレートの動きや活断層について認識

を新たにした人も多いことだろう。一方、原子力発電所の事故では、原子力発電や放射線に対する国民の無知をさらけ出し、風評被害や被災地の児童に対する謂れのない差別的言動が社会問題化した。日本人の原子力に対する無関心と不勉強の実態がこの一連の事件を通してあらわになったが、大人も子どもも日常の読書活動を通して宇宙や原子力問題への素養を高めてほしいと願う。それがなければ国を揺るがす大事件に適切な判断はできない。このような科学に対する高い資質を備えた国民性を培うことができるかどうかは、一つこれからの理科教育にかかっているのである。

ところで、PISA調査は質問紙法による意識調査も行っている。今回の質問紙法による調査は「読解力」に関するものだけで、科学や理科に対する意識調査は行っていない。そこで、参考までに前回（2006年、57ヶ国が参加）のものから関連項目を一部紹介するが、それは以下のような驚くべき結果であった。

・「科学は自然を理解する上で重要」81％（国際平均が93％、日本は最下位）
・「自分に役立つので理科を勉強している」42％（国際平均は67％）
・「理科の勉強はやりがいがある」41％（国際平均62％）
・「科学に関するテレビ番組を見る」8％（国際平均11％）
・「科学に関する新聞記事や雑誌を定期的にまたはよく読む」8％（国際平均20％）
・「科学に関するウェブサイトを定期的にまたはよく訪れる」5％（国際平均13％）
・「30歳の時点で科学に関連した職にあることを希望する」8％
（国際平均25％で日本は最下位。男子4.3％【国際平均23.5％】、女子11.5％【国際平均27.0％】と、男子が低いことも問題）

データは古いものの、我が国の青少年の科学に対する興味・関心の低さは、前述した4点目の指摘と重なるだけに疑う余地はないと見る。我が国において科学に対する関心が低いことの

原因は、科学に対する価値観の低さにあると考えられる。だとすれば、我が国の理科教育には根本的な欠陥があったと言わざるを得ない。それは、やはり科学の楽しさや面白さを感じたり科学の有用感を感じたりする教育が欠けていたことや、生涯の収入が文系の方が高いというような科学を取り巻く社会環境の未熟さに尽きる。これらの問題に対する改革が学校教育だけでできるとは思わないが、まずはできることから始めなければならない。その尖兵はなんと言っても小学校現場である。その理由は、教育課程が新しくなった今が意識変革のチャンスであり、小学校現場が最もフリーハンドが利くからである。あわせて、今後はPISAテストに求められるような真に必要な学力とは何かを検証し、問題解決力、創造力、学習への集中力や意欲、コミュニケーション力など新しい学力観への変換を図っていかなければならない。そのことがPISAテストを行うことの本当の意味なのである。

では、ここまでのまとめとして、これからの日本の小・中・高を通しての理科教育の在り方として、次の6つの改善点を整理しておく。

①問題作りや教材や実験方法を工夫し、子どもがわくわくする楽しい授業を行う。

②獲得した知識や技能を実生活の中で活用・応用する場面を取り上げ、科学と人間生活との関わりに気付かせ、科学に対する有用感を感じさせる。

③理科や科学に関心が高く、探究することが大好きな子どもに育てるために、問題解決の授業・探究の授業を愚直に続ける。

④科学のすばらしさや可能性を実感させ、科学に対する価値観を高め、科学が作る未来に希望を持たせる。

⑤科学に人生をかけている人々の真摯な生き方や考え方などに共感させる。

⑥日常生活の中で科学に関する話題をもっと取り上げるなど、子どもの全生活を通して科学への関心を高めていく。

以上の①～⑥の価値観は、すでに言い古されたことでもある。しかし、今敢えて再提言しなければならないところに問題の深さがある。現実に、テストで点数を取れるようにとりあえず知識だけは定着させておこうという教師が相当数いる。理科教育で知識が先行すると探究の過程がおろそかになり、すでに出来上がった知識体系を教え込むだけになる。科学史上の発見や発明にどんなドラマがあり、そこに科学者のどんな思いや営みがあり、人々のものの考え方や暮らしがどのように変化してきたのかなどの血の通った人の営みに感動することがないので、科学は子どもの世界からどんどん遊離していく。こうして、ますます理科や科学が味気ないものになり、子どもは興味を喪失していく。これが理科離れの実態である。実は、理科離れは教師や社会が作り出したものなのである。これらの問題の全てとは言わないまでも、かなりの部分を科学史を活用することで解決していこうというのが本著の主張である。

それにしても、我が国はGDPに占める公財政教育支出が3.3%で、データのある28ヶ国中最下位だという。そうした環境の中でこれだけの結果を残しているのは、偏に我が国の教師の使

命感や優秀さのたまものだろう。世界に冠たる我が国の教師が、今少し科学への興味・関心を高めるなら、日本の理科教育の未来は明るい。

1本の導線と方位磁針

　話を元に戻そう。理科教育で本当に大切なことは何かである。例えば、5年「電流の働き」にコイルが鉄心を磁化するという「電流の働き」の学習があるが、実際は電磁石の強さと電流の強さや巻き方との関係、電流の方向と電磁石の極との関係など、電磁石の性質を調べるだけの学習が横行している。まるで単元名「電磁石の性質」かのようである。残念なことに、「なぜ鉄心が磁石になるのか」という子どもが一番不思議に思っている根本的な問題が扱われることは少ない。さらに、誰がいつごろそれを発見して、その結果、人間生活がどのように変わり、今現在人間の暮らしのどんなところに生かされているかなどについての扱いも物足りない。つまり、現状では、科学者の社会に対する貢献や、科学の有用性を感じる機会がほとんど与えられていない。科学史を学ぶ教師があまりにも少ないからである。わが国の子どもが科学への意識や興味が低いことには、こうしたところに大きな原因があるとは考えられないだろうか。

　そこで、本単元の学習では、その単元の冒頭に、1820年（それが、今からわずか190年前だということも驚きであるが）に、デンマークのコペンハーゲン大学教授エールステッド（1777～1851）が、学生の前でボルタ電池を使って導線に電流を通したときに、たまたま近くにあった方位磁針が振れたことから電流の磁気作用を発見したというエピソードを紹介したらどうなるだろう。

その学習は、おおよそ「本当にそんなことが起こるのか⇒なぜそれが起こるのか（電流の磁気作用）⇒導線の近くに起きる磁石の力を強くするにはどうしたらいいのか（コイル）⇒電磁石の性質（現状ではほぼここが中心になっている）⇒電磁石はどんなところで使われているのか（モーターなど）⇒さらに6年になって、電磁石の軸を回転させたときの電磁誘導（手回し発電機）⇒発電の仕組み⇒電気の利用」と進む。いつでもそうとは限らないが、実はこの子どもの「分かり」のプロセスは、科学の発見の歴史と道筋が一致することが多い。だから、単元構成を科学史に合わせることも一つの見識なのである。事はそれで終わらない。電磁石の根本原理を理解するばかりでなく、今の私たちの生活を支えている科学技術は偶然の発見から出発しているケースもあること、科学者の研究の積み重ねによって200年にも満たないうちにものすごい進歩を遂げ今に至っていることなどを体感することになる。ほんの少し科学史を活用するだけで、単元の展開が全く違ったものになり、子どもが深く考え科学の本質に迫っていく理科になる。そして、科学に対する子どもの思いを180度転換させることになる。理科の授業がこのように息を吹き返すならば、理科への意識や関心は間違いなく改善するはずである。

子どもの個性にあった学習形態

　理科学習においては、問題解決という追究型の学習スタイルが間違いなく主体である。しかし、それが理科学習の全てではないことにも留意しなければならない。

　子どもの中には問題解決の学習スタイルがどうもあまり得意ではないという子が少なからずいる。周りから文学少女といわれるような、読書好きでもの静かな子にそういうタイプが多い。私の知るAさんはまさしくそういう女の子である。

　Aさんは生活体験が少ないので、実際に物を操作することは苦手である。だから、普通の理科の授業では自分から進んで活動することはほとんどなかった。だからと言って、決して理科が嫌いなわけではないようである。科学者のことや科学のことをお話として耳から聞くことは大好きであった。また、Aさんは基本的に活字が好きなので、読み物を通して科学に接することには意欲的であった。AさんにはAさんなりの科学へのアプローチの仕方があったのである。私たちには、子どもの個性を認め生かすという発想も求められている。

結局、Aさんは科学史の話を聞いたり科学読み物を読んだりすることを通して最後は理科が大好きになり、一人で何でも実験して確かめられる逞しい子どもにと成長していった。本からの知識が豊富なだけに、知識とその知識を生かして問題を解決していく能力とを兼ね備えた魅力的な女の子に成長した。このようなケースは意外に多いのではないだろうか。

　では、子どもに話して聞かせる科学史にはどんなものがあるのだろう。

　トーマス・エジソンは発明王としてあまりに有名で、3年生の子どもでもほぼ全員が知っている。そこで、3年の「明かりをつけよう」の学習で豆電球を扱う

ときに、電球の発明者として、エジソンの電球の発明に至るエピソードなどを話して聞かせる場面を設けてはどうだろう。これは、これまでの理科ではほとんどやられてこなかったことである。

　エジソンはフィラメントを作るときに6000種類もの材料を試してようやく成功したこと、エジソンの研究はさらに続き、最も長時間点灯したフィラメントは日本の京都の竹を炭にして作ったことなどを話すと、子どもたちは目を輝かせて聞く。しかし、イギリスでは事情が異なり、イギリスのスワンという人がエジソンよりも早く1879年2月3日に木綿糸を炭化したフィラメントで点灯させたことから、その日を「電球が発明された日」としていることや、エジソンの発明はそれより8ヶ月遅かったにもかかわらずアメリカや日本では1879年10月11日を「電球が発明された日」としているという話なども身を乗り出して聞く。また、エジソンは世界で初めて発明をビジネスとした人で、事業家として特許紛争をたくみに乗り切ったことや、電球だけでなく発電や送電のシステムも一緒に提案したことが成功に導いたことなど、科学界の裏事情の話題にもとても興味を示す。このような話題を通して、エジソンに限らずたくさんの科学者が競って電球の研究をしていたことや、エジソンには発明を事業化して利益を生む才能があったことなどが分かるので、その当時のことやエジソンのことをもっと詳しく知りたいと思う子どもも多い。その時こそ、ふさわしい図書を紹介してあげるのである（といっても、多くの学校の図書室には事実以上に美化された伝記くらいしかないかもしれないが……）。その結果、多くの子どもたちが今まで以上に科学に興味を持つようになっていく。

　高山にはいくつかの登山ルートがあるが、人それぞれに適したルートが必ずある。決して一

つのルートにこだわるのではなく、様々なルートで登ってこそ、その山の真価が見えてくる。そして、その山も登山も好きになっていく。理科が好きになる道も決して一つではない。私たちは、一人一人の個性にもっと柔軟に対応するために、時には科学史を童話のように語ることさえ必要なのではないだろうか。

3 その3… 教師の理科の授業力を高める

　理科の学習は、科学者の発見や発明の追体験なのだが、ほとんどの教師はそのことをあまり意識していないようである。目の前の子どもたちが疑問に思い、「こういうことかな？」と予想を立てる行為は、いにしえの科学者が仮説を立てるのと同じことなのである。その時代の科学の最先端のことを、今、目の前の子どもたちは問題にしているわけなのである。それは相当に崇高な行為であり、決して簡単に解けるようなものでもないのだが、そんな意識で授業をしている教師はどのくらいいるだろう。

　また、ほとんどの教師は科学史を学んだことがないので、すでに出来上がったものだという意識で科学の法則と接している。実際にはそこには多くのドラマがあり、時系列という奥行きがあることなどを知る教師は少ない。だから、教材研究といっても、教科書に載っている実験を予備的に行うだけという教師が多くなっている。1を教えるために最低限の1しか知らない教師に魅力的な授業などできるはずがない。最低限の準備をするだけでは教師自身が理科に感動することもないので、当然の成り行きとして授業力も低下していく。今、理科教育はまさにこの負のスパイラルに陥っている。しかし、この問題は、教師自身が科学史を学ぶことによって間違いなく解消できる。10を知らなければ1を教えることさえ危ういのは常識である。これが、私たちが科学史を導入する理由の3つ目である。

　では、教師が科学史を学ぶことに、どんな意味があるのだろう。一つには、科学史を知ることを通して、一つ一つ積み上げられてきた科学の決まりの意味の大きさに改めて畏敬を感じるなど、教師が科学に対して深い思いを持つこと。二つには、いにしえの科学者の見方や考え方、そして実験方法などを学ぶことによって実験や観察へのアイディアが豊かになることである。その2

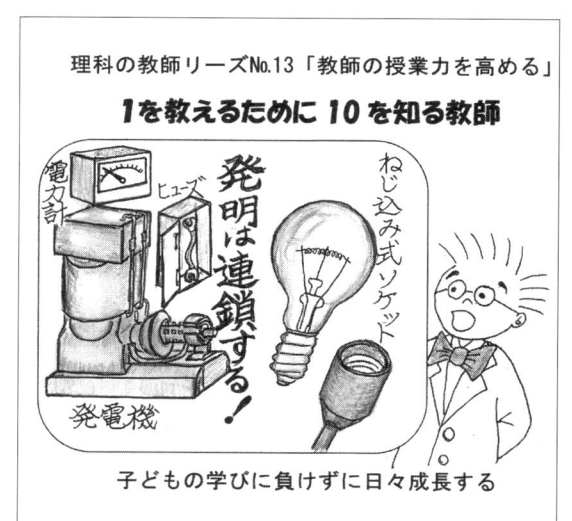

点について詳しく述べてみよう。

① 教師が科学に対して深い思いを持つ

素朴概念と誤概念

　5年に振り子の学習がある。振り子の周期については、ほとんどの子どもが、なんとなく錘が重くて触れ幅が大きい方が速く振れると思い込んでいる。錘が重い方が勢いがつくと考えるからである。力の概念と混同している。また、振れ幅が大きい方が錘が動くスピードが速いため、周期も速いような気がするのである。錘が動くスピードとの混同が見られる。しかし、それは何も子どもに限ったことではない。イタリアの物理学者ガリレオ・ガリレイ（1564〜1624）が振り子の等時性を発見するまでは、世界中の大人が同じように考えていたのである。だから、子どもがそのように考えたとしても何の不思議もないことなのだ。しかし、そのことすら、科学史を学ばなければ知り得ないことであろう。

　このように、科学的に見て明らかに誤っているのだが、多くの人がなんとなく思い込んでいる概念のことを、素朴概念（simple conception）とか誤概念（miss conception）という。素朴概念は、人間が日常生活の中で感覚器からの情報をもとに自然に培われていくようである。裏づけも実証もないまま漠然と思い込んでいるだけなのだから、結果としてはほとんどが誤っている。理科教育では、科学概念と対峙する形で使われることが多い。多くの場合、一度そう思い込むと容易には修正されないという厄介な側面を持っているが、理科教育を構成する上では極めて重要な概念ともいえる。なぜなら、自分の思い込みを実験や観察した事実と照合しながら修正していくプロセスこそが理科学習であり、その場面で論理や科学的思考力が鍛えられるからである。したがって、この素朴概念をいかにして揺さぶるかが、理科学習の秘訣中の秘訣になっている。

　この素朴概念を揺さぶるためには、まず素朴概念とはどういうものなのか、また、どんな実験や観察によって、正しい概念に転換することができるのかを知る必要がある。そして、それは科学史を学ぶことによって可能になるのである。

ガリレオの振り子の等時性の発見

　振り子の等時性の科学史を調べてみると、今から420〜30年前、ガリレオが10代の学生だったころ、ピサの大聖堂でたまたま天井から吊るされたシャンデリアを見ていた時に発見されたとされている。しかも、この時代は分単位や秒単位で測れる時計がなかったので、ガリレオは自分の脈拍を時計代わりに利用したという。このとき、シャンデリアが揺れなければ何事もない平凡な一日だったはずなのだが、ちょうど日暮れ時でシャンデリアのろうそくに火を灯したことが、世紀の大発見に導く記念すべき一日となった。

　ろうそくの灯がともされたシャンデリアは始めは当然大きく揺れ、次第に揺れ幅は小さくなっていく。ガリレオも始めは何となく見ていたのであろう。しかし、よく見ると、振れ幅が小さくなったからといって周期が速くなってはいないようである。この「アッ！」という気付きが振り子の等時性の発見につながったのである。それは、1583年のことだったと言われる。今でも、観光ガイドは、大聖堂中央の大シャンデリアを指して、「ガリレオのシャンデリア」と紹介しているそうである。

　これが、通常私たちが見聞きするガリレオのシャンデリアのエピソードであるが、真偽のほどは定かではない。こうしたエピソードは、弟子などの信望者が後に書いたものが伝わっているケースが多いからである。それはともかくとして、ここでもう少し想像力を逞しくして当時の様子を想像してみることにしよう。

　その当時は、ギリシャ哲学がまだ信じられていた時代である。マケドニアの偉大な科学者アリストテレスは、重い物体ほど速く落下すると断言していたが、誰もがそれを信じていたので、重い振り子ほど速く動くと信じて疑わなかっただろうし、よもや1往復に要する時間が振れ幅とは無関係だと考えていた人はいなかったことだろう。ガリレオとて人の子、同じである。これこそが素朴概念というものである。ここまでは、現代の子どももアリストテレスもガリレオも同じレベ

ルである。

　その時、おそらくガリレオは、あまり深く考えずにシャンデリアが揺れるのをぼんやり眺めていたのではないか。ところが、時間の経過とともに揺れ幅が小さくなっていくのに、どうも周期は変化していないようだということに気付く。紛れもなく、それは当時の常識に反する奇妙な現象である。ガリレオはハッとして、何か計るものはないかと、とっさに自分の脈拍で周期を図り始めた。そして、始めの振れ幅が大きい時も時間の経過とともに振れ幅が小さくなった時も、ほぼその周期は同じであることを発見する。このことは、ガリレオにとっては大きな驚きであったに違いない。何しろ、誰もが信じていたことが誤りだったのである。あるいは、ガリレオはまだ半信半疑だったのかもしれない。だとすれば、早速実験室かどこかに駆け込み、今見た不思議な現象をより詳しく実験で確かめたことだろう。こうして、振り子の等時性という確固たる自然の法則を見出したのである。

　以上が、「ガリレオ、振り子の等時性発見の場」に関する私の想像である。人類はそれまでどれだけの数の人間がガリレオと同じ現象を見てきたか知れない。しかし、後にも先にもガリレオはただ一人であった。神は、物を見る時の解像度がひときわ高いガリレオにしか、振り子の等時性の発見を許さなかったのである。

　また、ガリレオの発見をセレンディピティ（serendipity幸福なる偶然）とする見方もできる。つまり、ガリレオがシャンデリアの揺れをみてハッと思ったのは決して偶然ではなかったということである。ガリレオの潜在意識の中には振り子の振れに対する問題意識がずっと以前からあり、たまたま大聖堂のシャンデリアの揺れを見たときにその潜在意識と結びついて疑問や直観が生まれたのというものである。多くの偉大な発明や発見にはそうした幸福なる出会いがあるといわれている。ガリレオの発見にもそれがあったのかどうかは非常に興味深い問題である。セレンデピティは子どもも含めて私たちも日常生活の中で少なからず経験していることであり、その意味についても子どもに教えておく価値があるのではないだろうか。

科学史に感動する教師

　振り子の等時性の発見が全くの偶然だったのか、それとも幸福なる偶然の結果であったのかは定かではないが、その一連の出来事に深く感動した教師と、そうでない教師とでは振り子の授業の展開が明らかに異なったものになる。

　まず、そうでない教師の場合は、いきなり「振り子を作って、1往復する時間を調べよう」と、課題を示すのではないだろうか。身近な子どもの疑問を解決していく授業ではなく、振り子の等時性を教えようとする気持ちがありありの展開となる。結果として、等時性という出来上がった法則をただ伝えるだけの無感動な授業になってしまう。私が言う平面的な授業とは、まさにこのような授業のことである。そして、さらに問題なのは、教師自身がそうした授業に疑問

も持っていないことである。端から見ると、授業が教師からの一方通行になっているのだが、本人はそのことに気付いていない。これを正すためには、まずは学習問題を子どもに作らせることの1点に集中して取り組むことである。理科に限らず、授業観そのものが根本的に変わるはずだ。

しかし、振り子の等時性の発見の科学史を学び、そこに何かしらの感銘を受けた教師なら、ガリレオが「アレッ？」と思ったような偶然を、子どもにも作ってやりたいと考えるのではないだろうか。今の時代に、シャンデリアでそのままというわけにはいかないが、例えば、体育館に設置されている登りロープで速く揺らす（1分間に何回振れるかというような）競争をさせるというようなアイディアが生まれる。この場面では、なんとなく重い方が速く振れると感じている子どもは、二人や三人でぶら下がって揺らしてみる。あるいは、逆に軽い方が速く振れると考

える子どももいるので、その子は一人でぶら下がってやってみる。さらに、勢いをつけて振れ幅を大きくするほど速く振れると考える子どもも必ずいる。「それでは」と実際にやってみると、二人でぶら下がっても、振れ幅を大きくしても、少しも周期が速くならないことに愕然とする。このときの子どもたちの疑問は、ガリレオが「あれっ？」と感じたものとほぼ同じである。

このように、子どもたちが自分の発想で自由に活動を積み上げていく学習活動を自由な試行活動という。活動が個別化するので多様な疑問や発想が生まれることが多く、主体性や個性を育む上で極めて有効な学習活動である。特に、この活動の中で、自分の思い込みと矛盾する現象に遭遇すると、そのことに強い問題意識を抱き、改めて現象を見直し、活動は連続していく。そして、子ども自身の手で、おそらくはガリレオと全く同じプロセスで、振り子の等時性を発見していくに違いないのである。

このように、振り子の学習はまさしくガリレオの追体験そのものである。そして、子どもにとってはそこに大きな意味がある。自分が、かの有名なガリレオと同じ法則を発見したという事実は、その子に大きな自信と誇りを生み、科学と科学者を身近な存在として感じるようになる。ここまで子どもの内面に食い込み、人間形成にまで及ぶような深い授業をしたいという志を、多くの教師に持ってほしいと願うのである。

ガリレオも筆の誤り

　ところで、振り子の等時性を調べる実験は、どのくらいの振れ幅で行うのがよいのだろうか。教科書では振れ幅30度以内で実験している様子が紹介されているので、そのくらいの角度で実験するケースが多いようだ。指導書にも、「適切な振れ幅で実験を行い、振れ幅が極端に大きくならないようにする」などの記述があり、振れ幅についてはあまり大きくしないように注意を促している。しかし、実際の授業では、大きく振らせたいと思うのが子どもの正直な姿で、ほうっておくと必ず大きく振れさせる。実際問題として、教師に言われたことを言われた通りにしかやらない子どもよりは60度や70度でも実験してみたいと言い出すような子どもであってほしいと思う。その子どもの願いに応えて、60度以上で実験させたことのある教師も多いはずである。

　下の表は、私が行った振り子の実験の結果である（糸の長さ30cm。10回の平均値）。どこの理科室でも行われているごく普通の実験である。この実験では、10度から20度にかけてはほとんど変化がなかったが、それ以上に振れ幅を大きくすると。微妙に周期が長くなっている。どうやらその傾向は、糸が短いほど大きいようでもある。

　ところで、この微妙な数値の違いをどのように扱っているだろうか。詳しく調査をしたわけではないが、教師には「振り子には等時性があり、糸の長さが一定であれば、大きく振れようが小さく振れようが振れる周期は一定である」と理解しているため、この微妙な違いを、実験に伴う「誤差」として子どもに説明している教師が多いのではないだろうか。

　しかし、それはどうやら誤りである。確かに実験の誤差はあるとしても、振れ幅が大きくなるほど周期の差も大きくなっていくことも、この実験が示す一つの法則である。実は、振り子の等時性を、全ての振れ幅に当てはめることには無理があったのだ。事実、今日では、振り子の等時性は小さな振れ幅のときしか当てはまらないということが科学的に証明されている。理科室の実験で得られたデータは誤りではなかったのである。上の実験では、振り子の等時

振り子の角度	周　期
10度	11.53秒
20度	11.54秒
30度	11.65秒
40度	11.83秒
50度	12.01秒
60度	12.19秒
70度	12.40秒
80度	12.73秒

性が適用できるのは振れ幅がおよそ20度以内ということになる。筆者は科学史をいろいろ調べている過程でたまたまこの記述に出会った。驚いたのはもちろんだが、同時にいたたまれない心境にもなった。それまで、多くの子どもに、これを実験の誤差と教えてきたことの罪悪感があるからだ。それでも筆者は今日から改めることができるだけましである。今日も、日本のどこかで「実験の誤差ですよ」と子どもに語っている教師がいるかもしれないのだから…。

　ところで、振り子の周期は一定の振れ幅の範囲を超えると少しだけ遅くなることを子どもが発見したらどういうことになるのだろう。ガリレオさえ気付かなかったことに、自分たちが気付いたことは間違いなく驚きであり、それは大きな喜びとなる。そして、「もし、自分がその時代に生きていて、ガリレオでさえ気付かなかったことを発見していたら、自分も歴史に名を残す偉大な科学者になっていた」と、自己肯定感を強く感じ、自信を持つことだろう。

　しかし、そのことで、子どもたちがガリレオを尊敬することはあっても否定することには絶対にならない。なぜなら、ガリレオがどうしてこのことに気が付かなかったのか聞くと、多くの子どもが「ガリレオは脈拍で計ったんでしょう。ストップウォッチがなければ、いくらガリレオでも1秒以下の時間は計れないよ」と、当時の置かれた環境に照らして許容するからである。意外に子どもは寛容である。実際に自分の脈拍を取らせてみると、脈は速くなったり遅くなったりすることに気付く。必ずしも正確とは言えない脈拍でゼロコンマの測定を行うことは、例え神様でも不可能なことである。子どもたちにとって重要なことは、ガリレオはそれまで誰一人問題にしなかったことに疑問を感じて調べたという事実である。そこがガリレオの価値なのである。このような科学史の裏話は、子どもに人気がある。ガリレオはやっぱり子ども

の憧れの対象なのである。そして、そのことがきっかけとなって理科や科学が好きになっていくのだが、そのことの価値は計り知れないほど大きい。

このように、ガリレオがしたことを追実験し、実験結果や考察をガリレオと比較するシーンを見ていると、私には子どもたちが時空を超えてガリレオと対話をしているように感じられる。ガリレオがそこにいるわけではないのだが、子どもはガリレオの存在を確かにそこに感じているのである。

時空を超えた子どもと科学者との対話は、実験結果の分析や考察を科学者と比較する場面で生まれる。そこに至るためには、科学史の活用が大前提であり、子どもが自然にのめり込んでいく至上の理科学習は、その結果として生まれるものなのである。

科学に思いを持つ教師の授業力

ところで、人類がどんな実験や観察によって、ものの見方や考え方がどのように変わってきたのかを知ることは、心躍ることである。まして私たちは知識欲旺盛な教師である。発見や成功に対する感性は鋭く、理科の授業力の向上に強い意欲を持っている。そういう教師であるならば、科学史の学びを通して間違いなく科学史上の発見や発明に対する価値観を高めることになる。教師が科学史を学ぶということは、まさに科学に対して深い思い入れを持って指導できるようになることなのである。

また、教師が科学史を学ぶことは、科学法則の発見の背景や道筋を知ることであり、その結果として授業における問題解決のストーリーや授業の山場が見えてくる。いにしえの科学者の歩みは純粋な問題解決であり、その行為を追体験することは究極の問題解決や感動を体験することになる。それは間違いなく質の高い授業であり、それを積み重ねていくことによって教師の授業力は高まっていくのである。

理科の授業力について語るとき、これまで必ず問題になったのが教材や子どもの理解、そして授業技術であった。それらは確かに重要な要素ではあるが、全てではない。それ以上に重要なことは、教師の科学に対するある種の思いだと私は考える。その思いとは、ある時は、教師が科学の背景を知ることによって得られる感動だったり、その感動をなんとしても子どもに伝えたいと願う情熱だったりする。また、ある時は、例えば科学史を人の心を豊かにする文化史と見る捉え方や、科学を愛する心情だったりする。そういうものが教師にあるとなしでは授業の深みが全く異なったものになる。だからこそ教師は科学史を学ばなければならないのである。

② 授業のアイディアが豊かな教師

エジソン電球の授業

科学史を学ぶことによって、科学者が何を考え何をしたかが分かるので、その科学者のアイ

ディアを授業に生かすことができる。科学者のアイデアは、子どもを驚かせるのはもちろん、教師にも授業への斬新なアイデアを提供してくれる。

　３年の「電気の通り道」の学習では、エジソン（1847〜1931）の白熱電球の科学史を調べると面白い。現在の白熱電球の中にあるタングステンフィラメントはコイル状の形をしているが、エジソンが発明したフィラメントは右の図のような曲線である。まずそのことを、写真などを見せて教える。実際コイルは電気の通り道を連想しにくいが、単線なら光っているのは導線自身であることが分かりやすいのだ。そして、実際に竹を炭化したフィラメントを作って点灯させる授業などは最高に楽しいものになる。

エジソン電球第１号

　実際には、点灯するような高性能な炭化の作業は大変難しいので、写真のようにシャープペンシルの芯で代用することにする。乾電池だと５〜６個を直列につなぐ必要があるが、電源装置を使うと簡単である。白い煙を出しながら芯が真っ赤に輝くのを見て、驚きの声を上げない子どもは一人としていない。こんな本格的な実験をしたことのある３年生はおそらく数少ない。とにかく胸が躍るのである。こうして、フィラメントや電球というものの意味を体で理解し、理科が大好

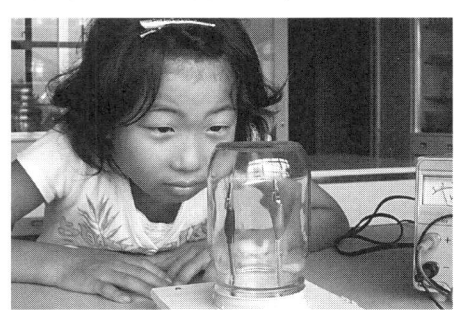

ペンシルの芯をフィラメントに

きな子どもに育っていくのである。

　ところで、こうした実験のアイデアはどこから生まれるのだろう。言うまでもないことだが、この単元では回路の全体像を豆電球の内部まで含めて捉えて教材化している教師はほとんどいない。残念なことに、回路に空き缶をはさんだときに豆電球がつかないわけを考える場面を本単元の山場と捉えている教師が多い。しかし、空き缶のコーティングに気付くことは手品の種明かしのようなもので、科学的概念を育てようとする本来の理科教育とは趣を異にする。この単元の中核とすべきは、何といっても回路の概念であり、そのためには、「ソケットと豆電球の構造とその接続」、そして「豆電球内部の電気の通り道」をしっかり調べ、回路の全体像を把握することが重要だと私は考える。

　では、どうすれば教師がそのことに気が付くのだろう。それは、エジソンの白熱電球に関する科学史を学ぶことである。普通の教師が豆電球の内部構造まで考えが至らなくても仕方がないとしても、エジソン電球を学んだ教師は、エジソンが最も苦労したフィラメントに自然に目が向き、当然の成り行きとしてフィラメントも回路の一部であることに気付かせたいと願うようになるからである。そして、実際にエジソン電球を作ってみることが何より効果的だという

ことにもすぐ気が付くのである。

このように、科学史を学ぶということは、教師がそれまで見たことも聞いたこともないような実験に数多く出会うということでもある。そのことは、結果として教師の科学に対する見識を広げ、教材に対するアイデアを際限もなく豊かにしてくれる。

ここまで、理科はとても奥深く魅力的な教科であること。子どもの多方面にわたる可能性を開発し、時には人としての生き方まで変える可能性を秘めた教科であること。そして、それは教師が科学史を学ぶことによって可能になることなどを述べてきた。確かに理科は教師の得手不得手のギャップが大きい教科である。しかし、理科があまり得意でないとか、あまり好きでないという理由でその良さが子どもに伝わらないのだとしたら、子どもにとって大変不幸なことである。また、それは許されることでもない。

教師は理科の面白さや楽しさを伝え

る伝道者であってほしい。そのためには、まず、理科や科学の持つ可能性の大きさを信じることだが、本著を読んだ教師にはすでにそれができているはずだ。そして、さらに今よりもほんの少しだけ理科や科学に愛情を持ってほしい。「愛する」とは、特段好きというほどではなくても、いつも気になる存在であるということだ。それだけで、教師としての資質に大きな変化が出てくる。教師としての新しいページが開かれるに違いないのである。

（工藤　隆継）

参考文献
「おもしろ理科こばなし」　宮内　主斗　著（星の環会）
「天才科学者たちの奇跡」　三田　誠広　著（PHP研究所）
「電気発見物語」　　　　　藤村　哲夫　著（講談社）
「街角の科学誌」　　　　　金子　務　　著（中公新書ラクレ）

② 分子磁石

磁石の科学史

　私たちの身の回りには磁石があふれている。冷蔵庫のドア、黒板のマグシート、ドライバーなど、いたるところ磁石だらけである。磁石のある生活が当たり前になっているので、磁石に特別の感慨を持つ人は少ないだろう。

　しかし、科学史を意識するようになると、そもそも人類はいつどのようにして磁石を発見したのか？その磁石というのは天然ものだったのか、それとも誰か人が作ったものなのか？そもそも何に活用したのか？など、次々と気になることが浮かんでくる。そうなると調べるしかないのだが、いざ調べるとなると、これがなかなか大変な作業である。適当な本でも身近にあればいいのだが、本屋さんに行って探しても科学史に関する本は少ない。小・中学校の理科の授業で活用することを想定して作られた本は、まだないのかもしれない。理科学習に活用できる科学史が1冊の本にまとめられていたらどれほど便利だろうと思わずにはいられない。

　ちなみに、磁石が鉄を引き付ける性質は、今から2000年以上も前から中国で知られていたようである。この磁石は磁鉄鉱（ギリシャではマグネシアの石）という天然の鉱石だったようである。2世紀の中国の書物には、磁石になった針を水に浮かべると南北をさすことや、その性質を利用して羅針盤が作られ航海に使われたことが書かれているそうだ。その羅針盤がヨーロッパに伝わり、バイキングも船に取り付けたというのだから、中国4000年の歴史恐るべしである。

　また、ヨーロッパでは、1180年に、アレグザンダー・ネッカム（イギリス）が初めて方位をさし示す磁石の性質を発表したといわれる。さらに、1269年には、ペトルス・ペレグリヌス（フランス）が、磁石にはN極とS極があることや、S極同士、N極同士は反発し、S極とN極は引き合うこと、磁石を半分に折ってもそれぞれにS極とN極ができて磁石の性質を保つことを明らかにしたという。ただし、磁針が北を指すのは北極星が引っ張るからと考えたのだそうだ。にわかには信じがたいが、磁石の創成期にあっては、科学者でさえそんな実態だったことに驚きを禁じ得ない。地球が大きな磁石であることが分かったのはもっと後のことで、イギリスのウィリアム・ギルバート（1544～1603）が1600年にまとめた著書の中に、大きな球形の磁石を作り、その近くに置いた磁針が示す方位を調べた実験のことが載っている。

およそ、以上が磁石の簡単な科学史である。これを知っただけでも、この単元に対する思い入れが違ってくるから不思議である。そして、700年も前の科学の先端の問題を、現代では小学校の３年生が学ぶことを考えると、この学習を決しておろそかにできないという重みを感じるのは私だけではないだろう。

ところで、その３年生だが、「じしゃくのひみつ」の単元の内容が、学習指導要領では次のように示されている。

> A 物質・エネルギー
> (4) 磁石の性質
> 磁石に付く物や磁石の動きを調べ、磁石の性質についての考えをもつことができるようにする。
> ア 物には、磁石に引き付けられる物と引き付けられない物があること。また、磁石に引き付けられる物には、磁石に付けると磁石になる物があること。
> イ 磁石の異極は引き合い、同極は退け合うこと。

この単元は、子どもが問題意識を感じる場面が少なく、物足りなさを感じている教師も多いのではないだろうか。しかし、それでもポイントはいくつかある。多くの教師は、この単元の山場を、内容アの「磁石に付けると磁石になる物がある」という部分に置いているようである。磁石に釘を２～３本くっつけたとき、２本目や３本目の釘がどうしてくっつくのかを考えさせる場面、つまり、磁石についた釘が磁石になっていることを確かめる場面である。この場面では、A図のように磁石の力が釘を伝わって流れているという考え方と、B図のように釘１本１本がN極とS極を持つ磁石になっているという考えが対立して、なかなか面白い授業になる。

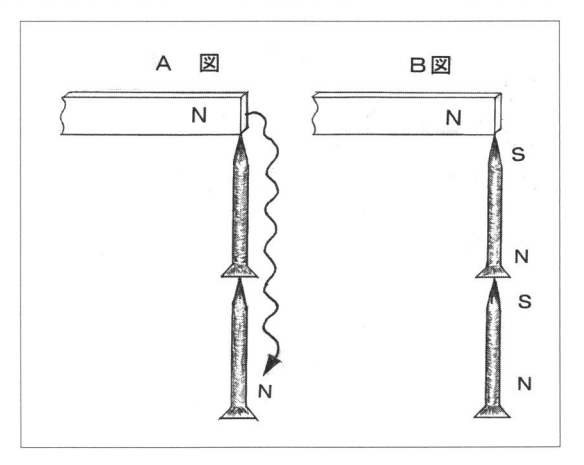

切っても、切っても、磁石になる

しかし、私はもっと面白い場面があると考えている。それは、ペレグリヌスが発見した、磁石を半分に折ってもそれぞれがN極とS極がある磁石になることに気付く場面である（実際には折るわけにいかないので、ゴム磁石を使用する）。現在、多くの学校でこの授業が行われているはずだが、切っても切っても一つ一つが磁石になるという事実を事実としてまとめるだけ

で、どうしてそうなるのかまで踏み込んでいる事例はほとんどないようである。それは、教師自身に磁石の持つ神秘性への感動が乏しく、磁石の仕組みに対する認識が薄いからではないかと思う。磁石とは本当に不思議なものである。それまで磁力がなかったところに磁力が生じたり、離れていてもその力が働いたりする。子どもに負けないみずみずしい感性で「磁石の中ってどんな仕組みになっているのだろう」と、思いを巡らせたり調べたりしている教師がどのくらいいるのだろう。磁石に関してはあまりに神秘的過ぎて、教師の不思議を感じる感性がどこかに置き去られてしまったのかもしれない。今、教師の感性こそが問われているのである。教師の磁石に対する深い興味・関心や感動がなければ、子どもの知的好奇心を揺さぶることは難しい。そのためのポイントは、やはり教師が科学史を学ぶことである。

　ところで、1本の棒磁石を半分に折るとどうなるか考える時、N極だけの磁石とS極だけの磁石ができると考えても少しもおかしくない。子どもに限らず、大人でもそう考える人はいる。おそらく、これは素朴概念と言ってよいものである。しかし、実際に試してみるとそうはならないことに愕然とし、必ずN極とS極ができる磁石の面白さを改めて実感する。磁石は、いくら小さく分割しても、結局小さな磁石がたくさんできるだけで、N極やS極だけを単独で取り出すことはできないのである。これは本当に不思議なことである。このとき、「1本の時には磁力がなかった真ん中部分が、2つに切るだけでどうして磁石の極になるのだろう？」とか、「磁石の中ってどうなっているのだろう？」という疑問を持つ子どもが少なからずいるのである。

磁石は分子磁石の集合体

　実は、私はずっと以前から、何とかこの疑問を授業で取り上げてみたいと思っていた。ところが、3年生がどうしたらその疑問を解決できるのか、その方法がなかなか見つからなかったのである。そこで、調べたのが科学史である。そして、分子磁石（磁区）という興味深い考え方に出会った。それを見つけた時、私は「これでやれる！」と、飛び上がるような心境だった。その分子磁石とは、次のような考え方である。

　昔の科学者は、磁石は非常に小さい磁石の集合体だと考えた。鉄などの内部で、その小さな磁石の極が同じ方向を向いている場合に磁石になると考えたのである。そして、このような小さな磁石を分子磁石（磁区）とよんだ。普通の鉄は分子磁石の極の向きがランダムなので磁力はないが、磁石は分子磁石の極の向きがそろった状態になっている。磁力があるかないかは、分子磁石の

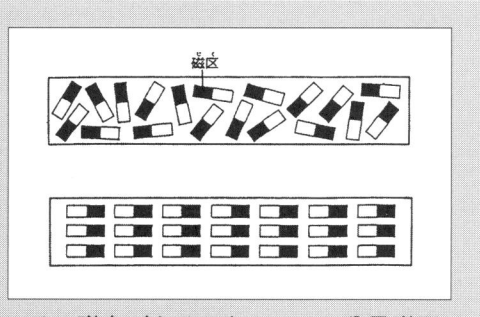

向きがそろっているかいないかによると考えたのである。ということは、磁石をいくら小さく分割しても、その一つ一つは分子磁石の極の向きがそろっていることになる。だから、一つ一つが磁石のままなのである。

また、釘は何もしなければ磁力がないが、磁石に付けると磁石になる。そして、しばらくすると、磁力は弱くなり、やがて普通の釘に戻る。そのことは、磁石を構成している分子磁石が次のような状態になっていることで説明できる。

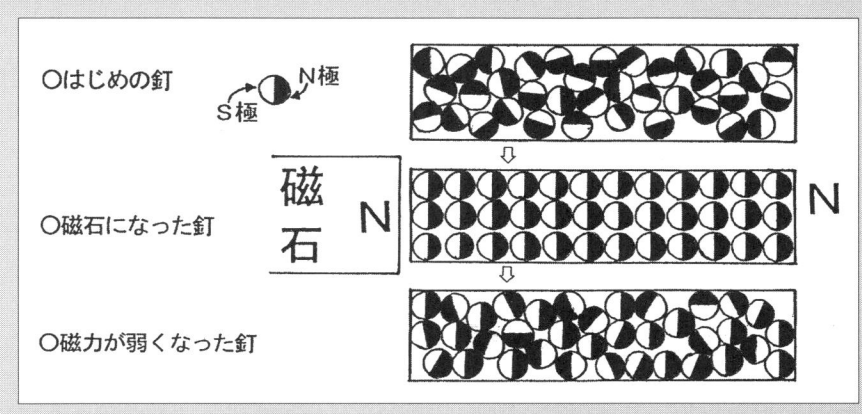

○はじめの釘　S極／N極
○磁石になった釘　磁石N　N
○磁力が弱くなった釘

このように物質内の分子磁石がある方向にそろうことで磁石になるものを、**強磁性体**という。その代表は鉄だが、コバルトやニッケルもその仲間である。

厳密に言うと、磁力は原子核の周りを回る電子の運動と電子のスピン運動によって発生すると言われているが、ここではそれを学ぶことは少しも目的ではない。磁力が発生したり失ったりする現象に対して、観察や実験を通してそのわけを解釈し意味づけすることが重要なのである。そのためには、分子磁石という発想を子どもが自力で生み出していく授業を作らなければならない。

では、どうしたらこの分子磁石の存在を3年生が発想し、それを実感したり納得したりする授業になるのだろうか。問題は、上の図の「○はじめの釘⇒○磁石になった釘⇒○磁力が弱くなった釘」のプロセスを、子どもが目に見える形で確かめることができるかである。それができないものかと何年も前から気にかけていたところ、インターネットで検索中に大阪市科学館の実践の中から絶好のネタが見つかった。まさにセレンディピティというにふさわしい幸福なる偶然の瞬間であった。

◯　分子磁石の考え方を導入する授業　◯

永久磁石の中には小さな磁石（分子磁石）がもともとあり、極の向きがそろっているので磁力がある。そして、極の向きはそろったまま持続されている。極の向きがばらばらの場合は、

相互に磁力が打ち消しあうので磁力は外に現れない。さらに、個々の分子磁石の向きがバラバラでも、人為的に極の向きを同方向にそろえてやると磁力が復活する。そういう現象を見ることができれば、分子磁石の原理を誰もが納得するはずである。

その方法が見つかった。その方法とは、フェライト磁石を細かく砕くのである。その細かく砕いた状態は、分子磁石を連想させる。それを試験管などに入れて少し振ると球状になる。その球の状態は極の向きがランダムなので磁力はない。ところが、それに強力なネオジム磁石を近づけると、砕いた磁石の向きがいっせいにそろい、磁力が復活する。この分子磁石の向きがそろっている状態は、永久磁石と同じである。これならば、誰もが分子磁石の考え方に納得すると直感した。無論、フェライト磁石の粒は分子レベルには程遠いものだが、子どものイメージとしてはほぼ分子に近いものと言えよう。

磁石の中のイメージ

さて、実際の授業である。果たして、子どもは磁石の中をどのようにイメージしているものなのだろう。そこで、ゴム磁石を小さく切っても、それぞれが磁石になることを確かめた後で、磁石の中のイメージを子どもに自由に書かせてみた。私は、これまで2回この実践をしたのだが、子どもの反応はほぼ同じであった。なんと、ほとんどの子どもが、「大きな磁石の中に小さな磁石がたくさん入っている」と考えているのである。これは3年生の子どもにとってかなり難しい発想だと考えていたのだが、切っても切っても小さな磁石になることを可逆的に考えれば、磁石は小さな磁石の集合体だとしか考えられないのである。3年生にはそうした発想をする能力が十分にあるということである。

ただし、小さな磁石がどのような形で入っているかについてのイメージは、下図のように子どもによって様々である。ちなみにA図はY子のイメージである。

一通り、子どものイメージを紹介した後、「両端にN極とS極がある磁石の性質から考えて、どの考えが一番あっているかな？」と考えさせたところ、A図があっていることに全員の考えがすぐにまとまった。切っても切っても同じ側がN極になるのだから、A図のようになっているとしか考えられないのだという。B図では、N極とS極が上側と下側になるはずだから、明らかに矛盾している。

ここで、昔の科学者もA図と同じように考え、その小さな磁

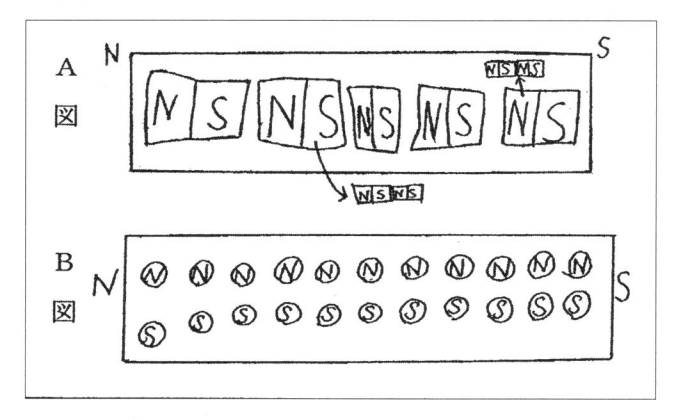

石のことを「分子磁石（磁区）」と呼んだことを教えた。子どもたちは「やっぱり！」という表情で納得し、発案者のY子に賞賛の拍手を送った。しかし、このことはまだ子どもが確かめたわけではないので、心の底から納得しているとは言いがたい。ここからが問題なのである。

授業のクライマックスは、この後に出現する。そう、例の細かく砕いたフェライト磁石の実験である。そこで、「もし、分子磁石の向きをばらばらにしたらどうなると思う？」と聞いた。ほとんどの子どもが「もし、ばらばらにしたら、磁石の力はなくなるんじゃない？」と予想したが、「本当にそんなことができるの？」と半信半疑である。そこで、「ばらばらにする方法はあると思うよ」と追い討ちをかけた。「どうしたらいいと思う？」と聞くと、誰かが「ゴム磁石をもっともっと小さく切ればいい！」と答えた。「なるほど、それもいい。でも、もっと細かくする方法があるんだよ」と、フェライト磁石を鉄製のすり鉢ですり潰す方法を紹介した。意外な方法に、子どもたちは「エー！」と驚き、早速試してみた。細かくすり潰したフェライト磁石の粉末は試験管に入れると丸く固まり、釘に近づけても釘はくっつかない。子どもたちの予想通りである。そこで、「このフェライト磁石をもう一度磁石に戻すことはできないかな？」と尋ねた。「分子磁石の向きが同じになれば磁石になると思うけど、どうしたらいいかな？」と、子どもたちは大いに悩んだ。

そこで、「もう1回磁石にくっ付けたらどう？」と助言した。すると、「そうか！N極にS極がくっつくから、向きがそろって磁石に戻るかも」と全員が賛成した。それではと、強力なネオジム磁石を試験管にくっつけると、フェライト磁石の粉末は左下の写真のように見事に逆立った。磁石の向きがそろったのだ。釘を近づけると、見事に釘はくっつく。「やった！磁石に戻った！」。

丸くなって磁力がなくなった！

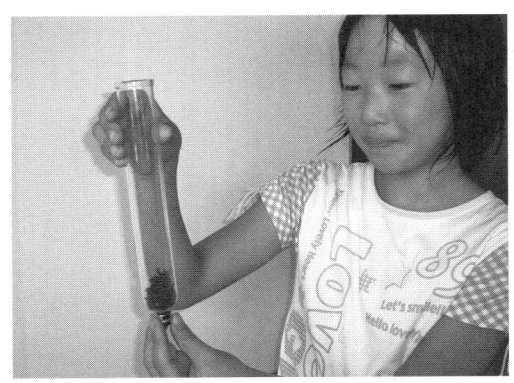

ネオジム磁石を近づけると逆立つ

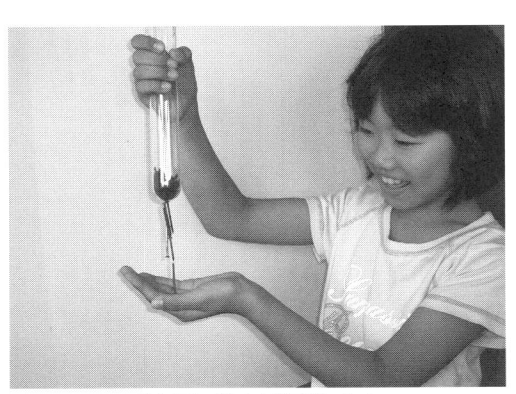

そして、磁力が復活した！

子どもたちは手をたたいて喜んだ。

　再び試験管から出して揉み解すと、丸く固まって磁力はなくなる。子どもたちはそれを何度も繰り返し、分子磁石と磁力の秘密に深く納得した。この実験は本当に分子まで砕いたわけではないので、ある種の思考実験といえるものかもしれない。しかし、子どもたちは磁石の性質に照らして分子磁石の構造をイメージし、分子磁石の向きと磁力との関係に納得した。一見難しいと思えた学習内容だったが、子どもは私が考える以上に柔軟で、この学習を通して論理的思考力を高めたように感じた。何より、理科がとても面白いと全員が言うようになったことが一番の収穫である。

　これまでのいくつかの実践の中でも、いにしえの科学者が自分たちと同じように考えていたという話を聞くと、子どもはとても喜ぶ。子どもにとって科学者は特別の存在である。その特別な存在と同じレベルでものを考えることができたことは、とてつもなくうれしい体験なのである。中には、自分も科学者になれるかもしれないと大きな自信を持つ子もいる。そこまでは行かないまでも、科学者や科学をとても身近なものとして意識するようにはなる。そして、誰もが科学や科学者への関心を高め、科学が大好きになっていくのである。

改めて科学史を活用することの意味を問う

　理科に科学史を活用することにどんな意義があるのだろう。この単元を終えて改めて考えてみた。

　まず、第一に言えるのは、理科教師としての自分自身の変化である。科学史を学ぶことによって、理科教育をより深いものに変えることができるという自信と見通しが生まれ、今まで以上に自由な立場と柔軟な発想で理科教育と対峙するようになってきた。そして、これまで考えもしなかった教材と大胆な展開で問題解決の筋道を考えるようになった。この学習は、科学史活用の研究に本格的に取り組む大いなるきっかけとなった。

　第二に、科学史の活用を考えることによって、分子磁石のイメージ化を図るためにフェライト磁石をすり潰すという新しい素材の教材化ができたことである。子どもにとって興味深い教材を一つでも発掘できたことの意味は大きい。一つの教材が、際限もなく子どもの知的好奇心を刺激し、科学への興味・関心を高め、理科や科学が大好きな子どもに育ててくれた。このことは、他の単元でも大いに期待できることである。理科学習がありきたりになって、子どもの学ぶ意欲が減退してきていると言われる今だからこそ、このことの意味はことさら大きいように思う。

　第三に、子どもの科学的リテラシーの問題である。科学史の導入は発展的な学習場面を創出することが多いので、子どもが獲得した知識を活用して考え、論理を駆使して思考を積み上げていく学習になる。その結果、子どもは知識を活用する能力を高めることになる。この知識活

用能力こそが科学的リテラシーというものであり、まさに理科編PISA型学力の中核をなすものだと考える。今後、このような学習場面を増やしていくことによって、理科教育に漂う閉塞感を打ち破ることができるのではないかという期待は大きい。

　今後、さらに多くの単元で科学史活用の道を開いていくことが、わが国の理科教育の未来に明かりを灯すことになると信じている。

（工藤　隆継）

参考文献

原色図解　理科実験大事典　物理編　（全教図）
大阪市科学館サイエンスショー「磁石の秘密」企画担当　斎藤　吉彦
学研の図鑑　発明・発見　（学研）

3 科学史活用の今後の課題

科学史活用の５つの場面

　科学史を様々な形で活用することによって、問題解決のプロセスが多様化し、子どもが深く考え納得する授業になっていくことを述べてきた。

　ここで、科学史の導入にはどのようなやり方があるのかについて整理してみたい。私たちのこれまでの実践では、大まかに次の５つに類型化できるようである。

①単元の冒頭で科学史の逸話（例えば、エールステッドの導線に電流を流すと磁針が振れたというような偶発的な事件）を紹介するなど、学習の導入として活用する。
②問題解決のポイントとなる場面で、科学者が行った実験や考察を資料として紹介することで、子どもの問題解決の判断材料として活用する。この場面では、子どもの考えと科学者の見方や考え方との比較がなされるので、科学者の思考法に学び、考えを補強したり発想の転換を図ったりすることにつながる。
③発展学習として、科学者が行った実験（例えば、ボルタ電池など）を追実験し、考えを広めたり深めたりする。
④学習が終わってから、物語的に科学者の逸話や功績、当時の社会背景などを紹介する。
⑤単元の構成を科学史の進化の流れにあわせることによって、子どもの思考をスムーズにする。さらに、科学史上の実験を教材開発の参考にする。

　①～④は科学史を実際の授業場面で直接的に活用するやり方である。それに対して⑤は科学史を教師の授業作りに生かすという考え方であり、前者とは立場を異にする。しかし、それぞれの単元に様々な科学史があり、まだまだ違った活用の仕方があるのかもしれない。まずは、自分自身でどんな科学史がそこにあるのか調べてみることである。まさしく授業は生きている。成功した実践を同じように実践しても、うまくいくとは限らない。子どもが違うと反応もそれぞれで、成果も異なるのである。常に状況に応じて修正を加えていく姿勢が今後とも求められる。今後、科学史活用の研究がさらに広がるならば、失敗した実践や修正した実践なども紹介していけるのではないか。請うご期待である。

今後の３つの課題

　科学史の活用に当たっては、今後は次のような視点も加えていく必要がある。

① 科学者の誤りも意識的に紹介することで、より子どもを科学的にする

　一般的には、科学史の活用は、偉大な発見や発明などの成功例を取り上げることが多いが、例えばヘルモントの実験のように、誤った考察や実験なども取り上げ、一緒に考えたり追実験をしたりすることも価値あることだと考える。そのことによって、偉大な科学者といえども間違うことがあるのだから、全てを鵜呑みにするのではなく、矛盾点を探すなど批判的に見ることも大事であることに気付かせたい。また、そのことは科学者に対して親近感を持つことにもつながっていく。

　例えば、「振り子の等時性」の学習では、ガリレオが教会のシャンデリアの揺れを見て疑問に思ったことや、時計がなかったので自分の脈拍で計ったというような逸話を紹介する。言うまでもなく、ガリレオは天体望遠鏡の発明などで知られる有名な科学者で、多くの子どもが憧れ敬愛する科学者の一人である。

　しかし、振り子の等時性が成立するのは、振れ幅が一定の枠内だけであることは意外と知られていない。振れ幅が大きくなるとわずかに周期が長くなることを発見したのはホイヘンスであり、これはガリレオ自身も気が付かなかったことである。

　そこで、今後はそのような事例も紹介し、子どもに実際に確かめさせてみる。子どもはあの偉大なガリレオでさえ完璧でないこと、科学は多くの人の手によって検証や修正がされてより完全なものになってきていることに気付かせたいと考えている。

② 日本人の科学者や科学的功績も積極的に紹介する

　科学史に出てくる人物はほとんどが欧米人のため、多くの子どもたちは、日本人は科学の発展に無縁だというような認識を持っている。そこで、日本人の科学者やその功績にも折に触れて紹介する必要がある。そのことによって、わが国に対する自尊感情を育てることができるからである。日本人の活躍は、最近のノーベル賞受賞のニュースがそうであったように、私たちに多くの勇気と自信を与えてくれる。

　例えば、昭和の始めごろにアルニコ磁石を発明した三島徳七氏、フェライト磁石を発明した加藤与五郎氏・武井武氏や、昭和の終わりごろネオジム磁石を発明した佐川眞人氏などの功績は、教材が身近なだけに子どもにとって興味深いものである。また、世界で初めて乾電池を作った屋井先蔵氏や、GSバッテリーの生みの親である島津源蔵氏、記憶に新しいところでは、青色発光ダイオードの開発に成功した中村修二氏などの功績は、エレクトロニクスに優れたわが国の長所を示すものであり、子どもたちに大いなる勇気を与えることだろう。さらに、地震国・火山国であるわが国においては、昭和新山の火山活動を記録したミマツダイアグラムで有名な三松正夫氏や、大森式地震計の発明と震源地の求め方、地震予知の研究で名高い大森房吉

氏などの功績を紹介することも今後一層重要性を増すことだろう。

　また、こうした発明・発見は、関連する単元の学習に組み入れていく発想が肝要である。例えば、エジソン電球の学習では、電球の五大発明の一つといわれる三浦順一氏による二重式コイルフィラメントの紹介は効果的と思われる。さらに、振り子の学習では万年時計を作った東洋のエジソンといわれた田中久重氏を紹介するのも面白い。近年においては、かなりの分野で日本人の活躍があるので、それぞれの単元にどのような功績があるのかについて、早急にデータを整理する必要がある。

　とりわけ、近年わが国では、環境部門において大きな貢献をしている。電気自動車や太陽光発電など、これからのエネルギー問題について自分たちの問題として考えさせながら、わが国は地球温暖化防止の先導的役割を果たすことが期待されていることなどを紹介していきたい。電気製品や自動車業界など、今日現在の日本の様々な企業の環境への取り組みを調べさせることも、子どもたちを奮い立たせるいい機会になっていくのではないだろうか。

③ 科学史に関する情報収集

　わが国では、科学史を学ぶ教師が非常に少ないことはもはや確実である。そのこともあって、いざ科学史を調べようと思っても、書店などで関係書籍を見つけるのは容易なことではない。勢い、インターネットで検索することが多いのが実情である。小・中学校の理科教育用に、科学史に関する情報が１冊の著書にまとめられていればどれほど便利か分からない。わが国には、小・中学校の理科教師のために科学史を編纂した著書はまだないのではないかと思う。

　今後、わが国では、科学史の活用によって理科教育がドラスティックに変わっていく可能性がある。そのためになんとしても必要なのが、科学史情報書籍である。今後、こうした書籍が続々と編纂、出版されることを祈ってやまない。

　さらに、科学史活用の実践事例がより広く公開されることも求められている。この点については、微力ながらＳＳＴＡ（ソニー科学教育研究会）青森支部が着実に担っていきたいと考えている。

（工藤　隆継）

参考文献

「電気発見物語」　藤村　哲夫　著（講談社）
「街角の科学誌」　金子　務　著（中公新書）
「世界を制した『日本的技術発想』」　志村　幸雄　著（講談社）

④ 学校ぐるみの取り組み

　当然のことではあるが、科学史の活用に教師の個の力で取り組むのと、全教職員による全校体制を組み系統的に取り組むのとでは、大きな違いがある。科学史の活用を個の教師がその場限りで単発的に行っても、その成果は限定的なもので子どもの内面に深く切り込むことは難しい。しかし、全校体制で計画的・系統的・継続的に進めていくならば、子どもの自然を見る眼はそれぞれの学年のそれぞれの単元でその都度深まり、蓄積され、自然に対する解像度も飛躍的に高まっていく。

　一般的に、物質を粒子論的に見る見方は、4年の「水と空気」の単元において「空気と水の弾性の違いを説明する」ときに用いられ、粒子の密度の概念が培われる。この体験は、「水の三態変化による体積の変化」や、「空気や水の温まり方」の学習でも生かされる。さらに、5年の「ものの溶け方」の学習では、「溶ける」ことの本質を粒子概念で説明することで、より成熟した概念に発展していく。このように、子どもがいったん粒子概念を確立すると、実に様々な学習場面で活用されることになる。

　例えば、6年の「人の体」の学習では、でんぷんの消化の意味が粒子論に沿った考え方をすることで初めて理解される。粒が大きいでんぷんのままでは水や血液に溶けることができないので、より粒の小さい糖分に分解される必要がある。そうすることで血管に吸収されて血液に溶けて全身に運ばれていくからである。それが消化の持つ意味であることに深く納得する。ところが、5年の「ものの溶け方」の学習で構築される粒子概念が、「人の体」の学習と深く関わっていることを意識して授業をしている教師は、残念ながらまだ少ない。

　さらに、ジャガイモの葉っぱで作られたでんぷんが小芋に運ばれる仕組みについても、粒子概念で考えることによって初めて理解される。葉っぱででんぷんが作られ、小芋にもでんぷんができている。ならば、小芋に運ばれる途中のでんぷんが茎にあるはずなのだが、茎の中のでんぷんは検出できない。これはいったいどういうことだろう。子どもの考える力を伸ばすには絶好の場面なのだが、小学校の理科ではほとんど扱われない。実は、驚くことにそこで「動物の消化」と同じ働きが起こっている。「人の体」の学習とどちらを先に行うかにもよるが、「でん

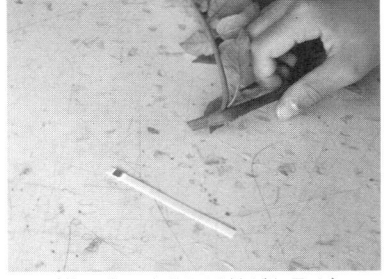

（茎の中の水分には糖がある！）

ぷんは水に溶けないから、水に溶けるものに姿を変えているのではないか？」という発想ができるのは粒子概念を基に合理的に考える子どもだけである。そういう子からは、「茎を通るときには、水に溶ける糖分に変わっているのかも？」というアイディアが出てくる。学習がここまで深まると本物である。最近では尿糖試験紙を使うと糖分を簡単に検出することができる。尿糖試験紙が緑色に変色するのである。

また、3年「磁石の性質」の学習における分子磁石の考え方も、粒子概念である。ここで分子磁石を扱うならば、5年の「電流の働き」の学習が革新的に変わる。例えば、鉄心が磁石になる現象について「電流の力で鉄心の分子磁石の向きを一定方向にそろえた」と解釈する子が出てくる。そして、電流の向きを逆にすると、「分子磁石の向きが逆になるので磁石の極も逆になる」と、電流の方向と電磁石の極の間に分子磁石を介在させてより合理的に電磁石の極を説明しようとする。何といっても、各学年の各単元において計画的・継続的に科学史を活用することである。そうすることで、事物と現象が有機的に関係し合い、物質に対する見方がより合理的なものに深まっていく。そして、事物・現象をより深く分析的に見ることができるようになる。だから、科学史の活用は学校ぐるみで系統的に取り組むことが大事なのである。

ところで、この科学史の活用に全校体制で取り組んでいる学校はあるのだろうか。筆者の知る限り、その事例は極めて少ない。その数少ない事例が、青森県南部町立名久井小学校である。

名久井小学校では、これまでの科学史活用の研究を通して、効果的に活用できる単元やその方法等を整理し、ほぼその全容を明らかにした。科学史はどの場面にもあるが、その全てが有効なわけではない。子どもが考えを作り深めることを手助けするものでなければ意味はない。そういう立場からフィルタリングをかけ、17の科学史を精選し、指導計画に組み入れている。次ページに紹介してあるので参考にされたい。

なお、名久井小学校では、活用の仕方を次のA〜Eの5タイプに分類し、活用の意図が明確になるように留意している。これから科学史の活用に取り組もうとする教師には、何かと参考になると思われるので紹介しておこう。

タイプA	教師が科学史を学ぶことで、「分かり」の手順を展望するタイプの活用
タイプB	科学者の問題解決の過程を同じようにたどって追実験をするタイプの活用
タイプC	科学者の考えや考察と対比しながら科学者との対話を深めるタイプの活用
タイプD	科学者の考えや実験を再吟味し、その誤りに気付かせるタイプの活用
タイプE	必要に応じて科学的事実をしっかり教えるスタイルの活用

なお、科学史を活用することによって一般的には時数が増えることが予想される。しかし、実際には問題解決の効率化が図られ減ることもあり得る。そこで、科学史を活用することによる単元の時数の増減の見通しを±で表した。最も多い4学年で9時間の増になっている。指導計画の立案に際しては参考になるだろう。

	単元名と科学者名	科学史の授業の内容	主な実験の内容
3年+4	B（追実験） 磁石の性質（+2）	磁石をいくら切っても小さな磁石になることから、磁石はN極とS極がある小さな分子磁石（磁区）の集合体であることを推論し、砕いた磁石の集合体の磁力をなくしたり復活させたりする実験をする。	
	A（展開の工夫） 電気の通り道（+2） エジソン （1847～1931）	回路ができているとき電気は流れるが、豆電球の中にも電気の通り道があり、電気が通ったときにフィラメントが光って点灯することを簡易エジソン電球（シャープペンの芯）を使って確かめる。	
4年+9	C（科学者と対話） 空気と水の性質（+2） ボイル (1627～1691) A（展開の工夫）	空気が縮み水は縮まないわけを、空気は小さな粒子がバラバラに散らばった状態で存在しているのに対して、水は粒子が隙間なく並んで存在しているというふうに、粒子の状態の違いで説明する。	
		ボイルは空気の弾性を「空気のバネ」と表現した。ところが、バネの生活経験が乏しい現代の子どもは、バネの弾性を具体的にイメージできない。そこで、バネで動くおもちゃ遊びを体験させる。	
	水の三態変化+4	E（科学的事実）（+2） セルシウス （1701～1744）	水は100℃で沸騰し0℃で凍るが、エチルアルコールは78.3℃で沸騰し−114.5℃で凍る。水は沸騰する温度が区切りのいい数字で、とても都合よくできているようだが、セルシウスが水の氷点を0℃、沸点を100℃としてその間を100等分した。	

4 学校ぐるみの取り組み | 47

		C（科学者との対話）（＋2） シャルル（1746〜1823）	温度が上がるとどうして空気の体積が増えるのかそのわけを考えるとき、自分たちのイメージと、シャルルの粒子の運動によるという考えと比較することによって、差異点や類似点を見出し、考えを深める。	
	電気の働き＋3	E（科学的事実） アンペール（＋1）（1775〜1836）	乾電池の並列つなぎではなぜ豆電球が明るくつかないのかという疑問に対して、流れる電流の量によるものであることを、アンペールが発明した電流計を使って確かめ説明する。	
		E（科学的事実） ボルタ（＋2）（1745〜1827）	ボルタの電堆や様々な果物電池を作って豆電球を点灯させる活動をしたり、乾電池の内部を調べたりすることによって、電池から出る電流に対する自分なりのイメージを持つ。	
5年＋7		D（科学者の誤り） 振り子の運動（＋2） ガリレイ（1564〜1642）	振り子の等時性はガリレイが発見したが、実際は振れ幅が一定限度を超えると少し周期が長くなる。ガリレイでさえ気が付かなかったことを自分たちが発見したことに感動させる。また、ガリレオは脈拍で周期を調べたことを知らせ、当時の実験環境に気付かせることで、科学者の偉業に感動させる。	
	電流の働き＋3	B（追実験） アンペール（＋1）（1775〜1836）	導線を2本3本と増やすと方位磁針が大きく振れることから、さらに導線を増やすために導線を巻いてコイル状にすればいいことを発見させる。これを電磁石と呼び、アンペールが発明したことを教える。	

		B（追実験） **エールステッド** （+2） （1777〜1851）	導線に電流を流したとき、近くの磁針が振れることを偶然発見したエールステッドの実験を紹介し、どうすれば磁針をもっと大きく振れさせることができるか実験させ、電流の方向がそろうように導線を増やしたり、ぐるぐる巻き（コイル）にしたりするやり方に気付かせる。	
		C（科学者と対話） **ものの溶け方（+2）** **ドルトン** （1766〜1844）	食塩が水に溶けることの子どものイメージは粒子説と液体説に分かれる。全ての物質は原子からできていると提唱したドルトンならどちらの考えに近いか考えさせ、粒子説に立つといろいろな現象が説明しやすいことに気付かせる。	
6年 +6	ものの燃え方 +5	D（科学者の誤り）（+4） **シュタール** （1660〜1734）	可燃物にはフロギストンがあり、燃焼はそれが空気中に発散する現象だとするフロギストン説を紹介し、自分の考えを比較させる。燃える気体と酸素が結びついて二酸化炭素ができるという着想に導く。	
		C（科学者と対話）（+1） **ラボアジエ** （1743〜1794）	鉄が燃えると燃える前より重くなるという実験を通して、燃焼は酸素と化合する現象であると解釈させ、質量保存の見方ができるようにする。これは、18世紀後半、フロギストン説から脱却したラボアジエの発想であったことを知らせる。	
		B（追実験） **てこの働き（±0）** **アルキメデス** （BC287〜BC212）	アルキメデスがてこを利用して船を陸に揚げた故事や「地球さえ動かして見せる」と言った逸話を紹介し、自動車などの重いものをてこで動かす方法を考えて実験させる。	

4 学校ぐるみの取り組み | 49

A（展開の工夫） **電流の働き（＋2）** **ファラデー** （1791～1867）	電気が磁力を生み出せるなら、磁力が電気を生み出せるのではないかというファラデーの逆転の発想を参考にして、コイルに永久磁石に出し入れするなどして発電させる。	
D（科学者の誤り） **光合成（－1）** **ヘルモント** （1579～1644）	ヤナギに水だけ与えて、5年間で70kgも増えたのに、土の重さがほとんど変わらなかったヘルモントの実験を紹介し、それを植物が水を吸ったからと考えたヘルモントの考えをどう思うか話し合わせる。そして、葉っぱで養分を作り出しているとしか考えられないという「光合成」に導いていく。	

　一通り目を通しただけで、こんな教材があったのかと驚かされることがたくさんあったのではないだろうか。非常に充実したプランになっているが、それでも各単元にはまだまだたくさんの科学史が眠っている。全ての単元において科学史の活用は可能なのである。問題は、名久井小学校のように科学史の活用に各学年が継続的・系統的に取り組めるかである。要するに全校体制が組めるかである。もし、それが可能になったとき、子どもの考える力や科学への興味・関心が飛躍的に高まるであろうことは容易に想像できるところである。

（工藤　隆継）

参考文献
「電気発見物語」　　　　　　　　　藤村　哲夫　著（講談社）
「街角の科学誌」　　　　　　　　　金子　務　著（中公新書）
「世界を制した『日本的技術発想』」　志村　幸雄　著（講談社）

実践事例

① **3学年**
「電気の通り道（回路）」の実践 …………………… 52

② **4学年**
「水の3つの姿」の実践 …………………………… 67

③ **5学年**
「ものの溶け方」の実践 …………………………… 86

④ **5学年**
「電流の働き（電磁石）」の実践 …………………… 99

⑤ **6学年**
「水溶液の性質」の実践 …………………………… 112

⑥ **6学年**
「てこのはたらき」の実践 ………………………… 132

⑦ **6学年**
「電気の利用（発電）」の実践 ……………………… 148

実践事例
3学年 ①

「電気の通り道(回路)」の実践

1 単元の目標と内容と問題点

　本単元は、下の学習指導要領「Ａ　物質・エネルギー」の「(5) 電気の通り道」の学習内容である。

> 　乾電池に豆電球などをつなぎ、電気を通すつなぎ方や電気を通す物を調べ、電気の回路についての考えをもつことができるようにする。
> 　ア　電気を通すつなぎ方と通さないつなぎ方があること。
> 　イ　電気を通す物と通さない物があること。

　本内容は、「Ａ　物質・エネルギー」に関わる内容のうちの「エネルギーの変換と保存」に関するものである。本単元は、第４学年「Ａ(3) 電気の働き」、第５学年「Ａ(3) 電流の働き」、第６学年「Ａ(4) 電気の利用」と連続する電気に関する学習の最も基礎となる「回路」と「導体」に関する学習である。内容のア、イとも平成10年度版と全く変わっていないことからも、３学年理科の伝統的な学習内容と言える。乾電池や豆電球という興味深い教材が登場し、豆電球が光ることを通して回路や導体・不導体を調べる学習活動が中心になるので、子どもにとって楽しい学習になっている。しかし、一般的な実践では、事実を事実として理解するだけで、その背景にある科学概念に触れることなくあっさり扱われている。学習が表面的で浅く流れがちで、子どもがじっくり考え込み、深く納得し、「理科って面白いなあ」と引き付けられるような学習にはなっていないのである。この問題点を科学史を活用することで解決していこうというのが本実践の目的である。具体的には次の問題があると捉えている。

ア．問題点①：豆電球の中がブラックボックスとなっている

　本単元の主な学習内容は、回路の概念と導体・不導体の分類である。しかし、実際の授業は、現象を事実として認識するだけで、「なぜそうなるのか」について深く考える場面を設定していない。そんな授業が楽しいとは思えない。３年生の子どもの興味・関心や考える力を過小評価しているように思えてならない。また、教師自身が豆電球を単なる光る部品としか見ていな

いことにもよる。その結果、豆電球の内部がブラックボックスになってしまっている。しかし、実は豆電球が光っているのではない。フィラメントが光っているのである。そのことに着目すれば、豆電球の内部のつくりが子どもの問題になるなど、新たな展望が開けてくる。そして、豆電球はフィラメントという光る導線を回路にはさむ部品であるという見方ができるまで学習が深まっていく。私たちが目指すのは、そうした授業である。

　また、ソケットがなければ豆電球は点灯しないと考えている子どもも多い。これも、ソケットを豆電球を装着する道具としか見ていないからで、ソケット自身もフィラメントと同じく回路の一部であるという見方ができなければ、回路の全体像を理解したことにはならない。学習指導要領にある「電気の回路についての考え」とは、どんな複雑な形をしていても電気の通り道は１本につながっていることに気付くことである。

　以上の問題を解決するためには、何といっても豆電球やソケットの内部を問題にする学習まで深めることである。その結果、フィラメントの端子が底（へそ）とねじ込みの金具につながることで、電気の通り道がつながっていることに気付く。さらに、ソケットも豆電球のへそと金具とにつながっていることに納得する。ここまで深く考え調べなければ、子どもに回路の全体像が見えてこないのである。

イ．問題点②：フィラメントという偉大な発明を子どもにどう伝えるのか？

　白熱灯の発明は人類にとって大きな一歩であった。白熱灯の発明によって本当に人間生活は大きく変わり、１日が本当に24時間になっていったのである。

　一般に白熱電球はトーマス・エジソンの発明と思われているが、有力な候補者はほかにいる。1815年、イギリスのハンフリー・デーヴィーは金属線に電気を流して白熱させ、光を出す実験をした。以来、多くの科学者が白熱電球の実用化に挑んだが誰も成功しなかった。その中で成果を出したのがイギリスのジョセフ・スワンで、1860年に木炭粉と厚紙を高温で焼いてフィラメントを作った。しかし、寿命が短く明るさも足りなかった。スワンはその後も研究を続け、1878年（1879年という説もある）には木綿糸を炭化させたフィラメントを作り約14時間の点灯に成功する。その情報を聞いたトーマス・エジソンは、最強のフィラメントを作るために様々な材料を使って実験した。そして、1879年10月21日、木綿糸を特殊な方法で加工したフィラメントで40時間の点灯に成功し、ようやく実用化のめどが立った。エジソン32歳のことである。エジソンはその後、竹を炭化させると長時間持続できることに気付き、1880年には世界中の竹から京都八幡付近の竹を選んだ。そして、自分で主催した世界選手権では2450時間も点灯させたと言われる。

　このように、スワンとエジソンは白熱電灯をめぐるライバルである。白熱電灯の特許を争って裁判にまでなっている。しかし、常識的に見て、発明者としてはスワン、それを実用化し商業ベースに乗せたのがエジソンというのが正解だろう。ちなみに、スワンの出身国イギリスでは白熱電灯の発明はスワンということになっている。これらのことを物語風に子どもに話して

聞かせるのである。子どもは目を輝かせて聞く。

　発明の歴史は「人と金と裁判の歴史」とまで言われる。それは今も昔も変わらないが、白熱電灯のポイントはフィラメントで、それをめぐって熾烈な競争があり、その結果人間生活が豊かになってきたことは子どもにとっても興味深い話題である。

　また、白熱電球の科学史を実感させるために、シャープペンシルの芯をフィラメントに見立てた電球（エジソン電球と命名）を製作させる。極論すれば、白熱電球はフィラメントを電球で覆っただけである。子どもたちが自作するエジソン電球も原理的には全く同じである。また、シャープペンシルの芯をビンの中（空気中）で点灯させると、1分ほどで焼き切れてしまう。このことから、フィラメントを長時間点灯させることは非常に困難な仕事だったことが子どもにも容易に想像できる。

　さらに、エジソン電球を実体験することで、今の快適な暮らしが偉大な発明のおかげで成り立っていることに改めて気付く。エジソンの功績はフィラメントに改良を加えて点灯時間を長くしたことだが、その試行錯誤の段階では焼き切れていくフィラメントをたくさん見たことだろう。その困難な作業を不撓不屈の精神でやり抜いたことも子どもとっては感動で、科学者の努力や業績に尊敬の念を持つようになる。そして、光っているのはフィラメントで、フィラメントは回路の一部であることを実感する。こうして電気や回路に対する考えが深まっていく。白熱電球をめぐる科学史を活用することは、理科という教科の範疇を超えて、科学に対する子どもの興味・関心をとてつもなく高めることが期待されるのである。

2 電球に関する科学史

●ハンフリー・デーヴィー（イギリス。1778～1829年）

　1815年、デーヴィーは、2000個ものボルタ電池を直列でつなぎ、電極と結んだ導線の先に炭素棒を取り付け、いったん接触させてから少し離すと、炭素棒の間に放電が起こり、発光することを発見した。この放電は弧（アーク）状だったのでアーク灯と名付けられた。アーク灯には大電力が必要だったので、強力な発電機ができるまで実用化はされなかったが、1862年になってイギリスの灯台でアーク灯が灯され、実用化がなった。デーヴィーはさらに1815年、金属の線に電流を流して白熱させ、光を出す実験も行った。これが白熱電球の一番の元になる研究だったと考えられる。

●ド・ラ・リーブ（フランス。1801～1873年）

　空気中で金属線に電気を流して白熱させると、金属は酸化してすぐに切れてしまう。そこで、1820年、リーブは真空にしたガラス管の中に白金の線を入れた電灯を作った。当

時の技術では完全な真空を作れず、白金は発光温度の2000℃に耐えられなかったので、長時間点灯させることはできなかった。しかし、この実験で、電灯の実用化のためには、真空を作る技術とフィラメントの材料の選択が鍵であることが明らかとなり、その後、多くの科学者が電灯の研究に取り組む契機となった。

●ジョセフ・スワン（イギリス。1828〜1914年）

1878年（1879年という説もある）、スワンは木綿糸を特殊に炭化させたフィラメントを使って白熱電灯の製作に成功し、その成果を公開・発表した。これがエジソンの研究につながった。スワンの研究は薬品工場の経営の合間を縫ってのもので趣味的な要素が大きかった。そのため、当初は特許の取得にあまり熱心でなかったと言われる。

●トーマス・エジソン（アメリカ。1847〜1931年）

その生涯で1300もの発明をしたエジソンは、公教育があわず、母親が家庭で教育をした。12歳で鉄道の新聞売り子になると、列車内の手荷物室で化学実験を始めた。手刷り新聞を売って得たお金を実験に費やしたという。後に特許の取得や商業化に情熱を傾けたのも、発明のための資金を得るためだったと思われる。自分の実験所を持ち、たくさんの研究者や労働者と一緒に研究を進めた。その中には日本人もいる。

エジソンは、スワンが発明した白熱電球のフィラメントに改良を加え、1879年10月21日、40時間光り続ける電球を完成させた。当時としては画期的な記録である。その後も、実用化を目指してより長時間点灯するフィラメントの研究を進め、6000種類に及ぶ材料を試したが、炭化させた竹が好成績だったことから、世界中に竹ハンターを派遣し、1200種類もの竹を集めたと言われる。その結果、見事採用されたのはなんと日本の京都八幡の竹だった。1880年のことである。真竹を使った電球の寿命は、それまでの数十時間から2000時間以上へと飛躍的に延びていった。エジソンは電球を普及させるために、ソケット、スイッチ、安全ヒューズ、積算電力計、配電盤の設計などの電灯の付帯設備から、配電、送電、発電に至る全てのシステムを確立した。

●ウィリアム・デビット・クーリッジ（アメリカ。1873〜1975年）

タングステンは溶融温度が3387℃と高く、フィラメントに適していることはかなり前から分かっていたが、細い線に加工する技術がまだなかった。アメリカのゼネラル・エレクトリック（GE社）のクーリッジは、タングステンをダイヤモンドの細い穴から引き抜いて線にする加工技術を開発した。タングステンの方が明るく、寿命も飛躍的に長いため、フィラメントは、炭素からタングステンに変わった。

3 本単元で科学史を活用することの意味

(1) 電気エネルギーから光エネルギーへの変換の意味

　本単元における科学史活用の一つ目は、回路の発展学習としてシャープペンシルの芯をフィラメントに見立てたエジソン電球を作り点灯させることである。フィラメントに電気が流れて光る現象は、電気エネルギーから光エネルギーへの変換を意味するのだが、このことに子どもが何かの意味を見出しているわけではない。しかし、実際にエジソン電球に電流を流すと、最初は薄明るい赤黒い色をしていたフィラメントが、白い煙が出てくるようになって、最後には輝くようにまぶしく光り出す。やがて1分ほどでフィラメントは燃え尽き切れてしまう。そのとき、電気の流れも途絶える。まさに回路の一部が光り、そこで電気が光や熱に変わることを目撃し、エネルギーの変換を実感する。さらに、白熱電球はフィラメントとそれを囲うガラス球からなる単純な構造であることから、偉大な発明が自分にもできそうな気がしてくるから不思議である。このことによる子どもの科学への興味・関心の高まりは計り知れない。

(2) エジソンと感動を共有する

　自作したエジソン電球を電源装置につなぎ点灯させる場面では、間違いなく子どもたちから歓声が上がる。それは、シャープペンの芯が光るという未知の体験への驚きであり、自分たちがその明かりを作り出したという喜びであり、かの偉大な発明家であるエジソンやたくさんの科学者と同じ体験を共有しているという感動である。

　日常、当たり前のこととして受け入れている「電気＝明かり」の関係に、科学的な意味を見出させ、感動させるのがエジソン電球教材化の目的である。

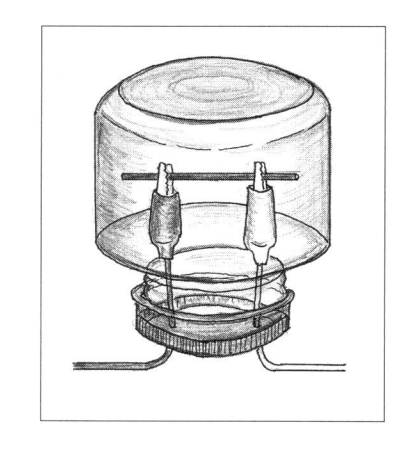

(3) 日本人としての誇り

　エジソンの研究に日本の竹が直接関わっていたことは、子どもたちにとって興味深く誇りである。また、エジソンに親近感を感じる直接場面でもある。しかし、それ以上に子どもに日本人としての心を奮い立たせるために、日本人の活躍も紹介する。

　フィラメントに関する発明として、1910年クーリッジ（アメリカ）によるタングステンフィラメントの発明によって点灯時間を飛躍的に延ばした。また、1913年ラングミュア（アメリカ）は、タングステンが高温になると蒸発してガラス管の内部が黒く汚れるのを防ぐため、不活性ガスを封入した。しかし、ガスのためにフィラメントの温度が下がり明るさが減る欠点も

あった。そこで、1921年日本の街の発明家三浦順一は、タングステンフィラメントを下図のように螺旋状にして二重コイルを発明した。このことでフィラメントの発光効率は20％も上がった。この特許を東京電気（今の東芝）が譲り受けて実用化した。白熱電球を分解すると、現在もその二重コイル式であることが分かる。

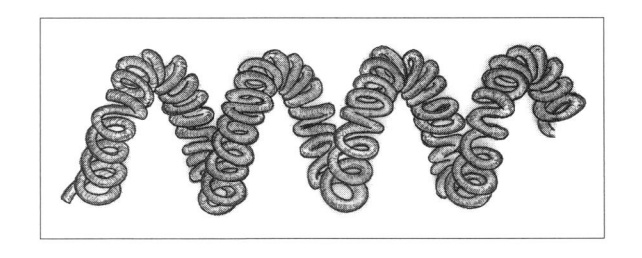

さらに、白熱したタングステンフィラメントの光が直接目に入るとまぶしくて目によくないことから、東京電気の不破橘三はガラスの内面を艶消しにする方法を工夫し、目に優しい白熱電球を発明した。偉大なエジソンと日本の竹、それを発展させた日本人の二つの発明。この事実は世界に誇る日本人の発明である。科学の発見や発明というと、全て西欧人のものと思いがちだが、今日の我が国の発展を予期させるような発明がそこにはあり、日本人として大きな誇りである。日本人としての自信や未来への希望を持たせる話題として、何としても子どもに話して聞かせたいテーマである。

4 授業の実際

(1) 本時の目標

裸の豆電球に導線をつないで点灯させたとき、点灯するつなぎ方と点灯しないつなぎ方があることから、豆電球の中の構造に興味を持ち、豆電球の中の電気の通り道を実験・観察を通して確かめることができる。

(2) 評価規準

①豆電球が点灯するつなぎ方と点灯しないつなぎ方があることから、豆電球の中の構造に対して興味・関心を高めることができる。　　　　　　　　　　　　　　　　　（関心・意欲・態度）
②豆電球が点灯するためには、フィラメントの両端が豆電球の底（へそ）とねじ込みの金属部分とにつながっていればよいことを説明できる。　　　　　　　　　　　（科学的な思考・表現）

(3) 授業展開

①ソケットを使わないで豆電球を点灯させたときに、点灯するつなぎ方と点灯しないつなぎ方があることを整理し、矛盾点を学習問題にする

前時で、裸の豆電球が点灯するつなぎ方を見つけた際、「つかないつなぎ方も回路になって

点灯するつなぎ方　点灯しないつなぎ方

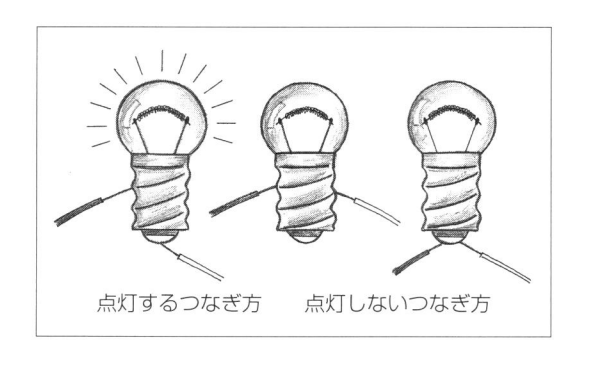

いる（ように見える）のに…」とつぶやく子がいた。また、「見た目の通り道と（豆電球の中の）実際の電気の通り道は違うんじゃないかな」と感想を述べた子もいた。それを聞いていた子どもの中にも、実は同じことを感じている子がたくさんいるように感じられた。そこで、この感想や疑問を導入場面に活用した。

「前の時間の確かめをするよ。このつなぎ方で豆電球はついたかな？」と3種類のつなぎ方を提示した。すると、子どもたちは迷うことなく点灯するつなぎ方と点灯しないつなぎ方に分けることができた。そして、点灯するつなぎ方は「へそ」と「金具」につながっていて、乾電池を含んだ「一つの輪になっている」ことを確認した。次に、「前の時間に疑問に思ったことはなかったかな？」と尋ねると、「輪になっていても豆電球がつかなかったので不思議でした」とA子が発言した。「同じです」とすぐに賛同する子が数名いた。さらに、「電気の通り道が、見た目と豆電球の中では違うんじゃないかなと思いました」という意見が加わった。「見た目」というのは、自分たちには豆電球はどこでも導線をつなげば点灯するという思い込みがあったけど、実際の電気の通り道はそれと違うのではないかという意味のようである。この発言にも、数名の子が「同じです」と賛同した。前時において、裸電球を点灯させ、どんなつなぎ方が点灯するのか調べたが、点灯するつなぎ方が現象としては分かったものの、なぜそれが点灯するのかは分かっていなかったのである。前時の授業に全く満足していなかったということであり、教師の予想以上に子どもたちの感性が豊かであると感じた。そこで、次のような学習問題を作った。

どうして「へそ」と「金具」に導線をつけたときだけ豆電球はつくのだろう。

②豆電球の内部の構造を予想する

子どもたちに、豆電球の中でフィラメントの2つの根元（端子）が、どこにどのようにつながっているのか予想させ、ワークシートに書かせた。しかし、学習問題の設定までは意欲的だった子どもたちが、ここで停滞気味になった。机間巡視の中で聞いてみると、「何を書けばいいのか分からない」、「どう書けばいいのか分からない」ということであった。授業者としては、「どうして『へそ』と『金具』に導線をつけたときだけつくのだろう」ということは、「豆電球の中の電気の通り道はどうなっているのか」と同じ意味であり、「フィラメントの端子と『へそ』や『金具』がどうつ

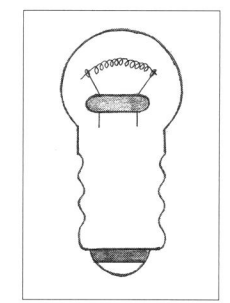

ながっているのか」を予想することを求めていた。そして、おそらく過半数の子どもがフィラメントの両端がそれぞれ「へそ」と「金具」につながっている図を描くものと予想していた。しかし、実際には「フィラメントの端子がどことどうつながっているか」を考えている子どもは少なく、漠然と「どうして豆電球がつくのか」を考えている子が多かったようである。そこで、「豆電球が点灯するのは、フィラメントに電気が流れているからですよね」と確認し、「フィラメントに電気が流れるということは、フィラメントの端子がどこにどうつながっているのかな？」と改めて学習問題の意味について説明した。すると、子どもたちは「ああ、そういうことか」と言って、ワークシートに電気の通り道を書き始めた。そこで、改善策としては、学習問題は次のようにするのがよいのではないかと反省した。

> 豆電球がついたということは、フィラメントに電気が流れているということです。フィラメントはどこにどうつながっていれば電気が流れるのでしょう？

③予想を発表しあって、意見交換をする

それぞれが予想をワークシートに書き込んだところで発表し、意見交換をした。

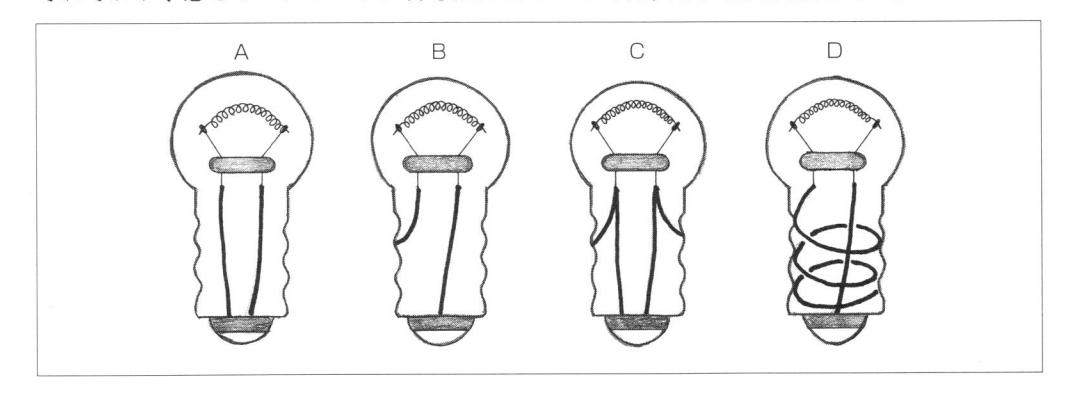

（A）フィラメントの端子の両方ともへそにつながっている。
（B）フィラメントの端子がへそと金具につながっている。わけは、へそと金具に導線をつながないとフィラメントに電気が通らないから。
（C）フィラメントの端子は両方ともへそと金具の両方につながっている。わけは、金具に導線をつけたとき右側でも左側でも明かりがついたから。
（D）フィラメントの端子は片方がへそに、もう片方は外側にぐるぐるとまいてつながっている。わけは、金具のどこにつけても明かりがついたから。

4つの予想を発表した子どもは、しっかりと理由をつけて述べていた。また、説明不足と思える部分は聞いている子どもたちが補って説明してくれた。ここで、子どもたちの考え方を分析してみよう。まず一番最初に出された「（A）へそとへそ」という考え方は、へそと外側に

導線をつけたときだけ明かりがつくという事実と明らかに矛盾する。事実に即して考えたのではなく、図を見てなんとなく線をつないでしまった可能性が高い。周りの子どもたちもこの考えには違和感を持ったようで、「それだと電気がつかなかったのだからおかしい」と指摘した。この考えを発表した子は、周りの子どもたちから指摘されて、事実からずれている自分の考えのおかしさに気付き、考えを（B）に改めた。しかし、ほかの（B）〜（D）の考えは、どれもありそうだということになった。特に、金具のどこにつけても豆電球がついた事実をどう捉えるかにそれぞれの個性が出ている。（D）の金具にぐるぐる巻いているという考えは、考えに考えたアイデアであり、多くの子を「なるほど」とうならせた。こういう発想をするのはじっくり考えるタイプの子である。次がこの時点での子どもの考えの実態である。

　（A）「へそとへそ」……………………… 0
　（B）「へそと金具」……………………… 20
　（C）「両方ともへそと金具」…………… 1
　（D）「片方はへそ，片方は金具にぐるぐる」……… 2

まだ3年生で討論に慣れていないこともあり、（C）や（D）の矛盾点を指摘し合うよう場面は生まれなかった。「それはあり得る」、「そうかもしれない」とすぐに相手の考えを容認するので討論にならないのである。しかし、今後は理科の授業を通して、シビアに質問したり矛盾を指摘したりできる子どもに育てていく必要がある。また、少しぐらい厳しい質問や指摘をされてもへこたれないで答えていく子どもでなければならない。こうしたコミュニケーション能力の育成は、他のどの教科より理科の授業において可能になるものと考えている。

　ところで、金具のどこにつけても明かりがついたことから考えると、（C）や（D）はそれなりに説得力がある。特に（D）には、「アー」と感嘆する声があがり、多くの子どもが共感したようにも見えた。しかし、意外に支持が集まらなかった。その理由として、豆電球の内部を三次元空間で捉えたイメージが他の子どもに伝わらなかったことが考えられる。本時の冒頭に提示した裸の豆電球のつなぎ方の図が平面だったので、豆電球内部も断面のイメージから脱却できなかったのかもしれない。理科においては、こうした両者のイメージの違いを明らかにする討論が非常に重要であり、3年生の段階から子どもの考えが拮抗する場面を意図的に設定していく必要があると感じた。

④豆電球の中がどうなっているか確かめる
　子どもの予想があっているかどうかは、豆電球の内部を実際に見てみるしかない。子どもたちも豆電球の中を見ようと、一生懸命中をのぞき込むのだが、フィラメントは見えても金具部分の内部は隠れて見えない。そうしているうちに、「豆電球、こわしてみれば」、「えーっ」、「割ってみればいい」、「爆発しちゃうよ」、「親せきの溶接屋さんに頼んでみる」など、教室中が盛り上がってきた。そこで、「やっぱり、豆電球の中を実際に見るしかないよね」と言うと、

「うん、そう」。「そのためには、豆電球を切ってみるしかないよね」と言うと、「うん、そう」と、乗り気である。「実は、先生、豆電球を切ってみました」と真剣な口調で話した。すると、「えーっ」、「うそ！」、「本当なの？」と疑っている。「何だか怖い」、「大丈夫なの？」と大騒ぎである。こうして、半分に割った豆電球の内部を見ることになった。まず、「豆電球の中のどこを見ればいいですか？」と、観察の視点の明確化を図った。子どもたちは一斉に「フィラメントの根元がどこにつながっているか見る」と答えた。よくわきまえているようだ。

　いよいよ各グループに半分に切断した豆電球を配り観察させた。どの子も目をぎりぎりまで近付け、「へーっ」、「やっぱり」、「あれっ」など、声を上げフィラメントの根元をじっくり見つめた。「やっぱりへそと金具につながっているよ」とうまく観察できていた子もいたが、「よく見えない」という声もある。豆電球が小さすぎ、フィラメントの端子につながる導線も細過ぎるので、確かに見づらい。虫眼鏡を取り出してさらに詳しく観察させたが、まだよく見えないという子もいる。3年生にとっては見たことが全てである。推測という行為が入り込む余地はないので、見えないことは納得もしない。

　そこで、もっと大きな電球で見てみることにした。本来は、豆電球でフィラメントのつながり方を見つけ、それが一般的な電球ではどうかと対象を広げ、「やっぱり同じだ」と一般化を計る予定だったのだが、予定変更である。それでは大きい電球ではどうだろうか。「やっぱり、そうか」と納得の声。どの子にもはっきり見えた。そして、分かった。金具をぐるぐる巻いている線はないし、余分な線もない。こうして、フィラメントの端子は確かに一方がへそ、もう一方が金具につながっていることを確認した。

　本時では、子どもの観察結果をもとに全体でまとめたのだが、実物投影機などの機器を活用して観察を共有するやり方も有効である。そうすることで観察の視点がより一層明確になり、観察結果の共有がしやすくなるからである。

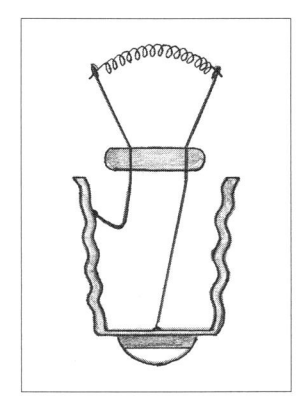

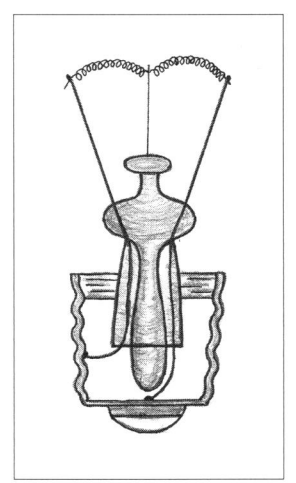

⑤観察した結果をまとめ、考察する
　フィラメントの根元は、豆電球のへそと金具につながっていたことをまとめ、「ということは、豆電球の中に何ができていたのかな？」と質問した。「電気の通り道ができていた」、「豆電球の中も輪の一部になっている」という答えを期待していたのだが、難しかったようで返答がない。そこで、電気の通り道をマジックで書き込ませてみた。全員が次ページの（A）の図

のようにフィラメントも電気の通り道と分かるように記述したところを見ると、正確に理解したようである。子どもの発達段階から見ても、言葉によるまとめの前に図でまとめることの大切さを感じた。こうして、回路のイメージが始めのころの（B）図から（A）図に鮮やかに変わった。このことはものの見方の大変な深まりを意味している。

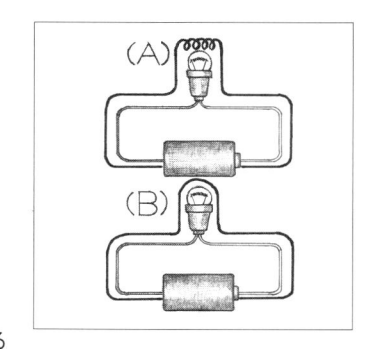

⑥エジソンの工夫を知り、実際にエジソン電球を点灯させる

「今日は、フィラメントの端子がどこにつながっているのか調べました。この電球を発明するために、このフィラメントを一生懸命工夫して発明した人がいます。名前を知っていますか？」と投げかけた。すると、「エジソン！」という声がすぐに返ってきた。3年生の子どもたちが予想以上にそうした知識を持っていることに正直驚いた。そして、「エジソンは生涯で1300もの発明をしたこと」、「エジソンは小学校に3ヶ月しか通わず、お母さんが家で先生になって教えたこと」、「エジソンは鉄道の列車で売り子をしていたとき、列車の中に実験室を作って実験をし、ぼやを起こしたこと」、「エジソンが発明する前は、ガスを灯して明かりを取っていたこと」、「フィラメントを作るために何千回も試行錯誤したこと」、「その中で出会った最高のフィラメントが日本の竹であったこと」などを知らせた。子どもたちは一つ一つの情報に「えーっ」と驚いたり「ふうん」と納得したりして興味深そうに話を聞いた。そして、「今日はみんなが21世紀のエジソンになってください。みんなでエジソンと同じような電球を作りましょう。でも、フィラメントが問題ですね。エジソンが作ったフィラメントと同じものはないけど、近いものがあります。それは、なんとシャープペンシルの芯です」と話した。子どもたちは「えー」と声を上げ、まさかという表情である。

さっそく、教卓に全員を集め、下図のような実験のやり方を説明した。乾電池では点灯しにくいので電源装置を使うが、電球の代わりに瓶づめ用の瓶、フィラメントはシャープペンシルの芯（HB 0.5mm）だ。気分はエジソンの電球と同じだ。そして、理科室の暗幕を閉め、電気を消し、電源装置のスイッチを入れた。半信半疑の子どもたちは、身を乗り出して瓶の中を見つめた。すぐに、芯が赤く光り始めた。同時に白い煙も出始めた。子どもたちは「あー」、「おー」と声を上げた。しかし、本当の驚きはここからだ。電圧をさらに上げた。すると、光の色が赤から白へと変わり、直視できないほどのまぶしい光になった。「うおー！」言葉にならない驚きの声だ。その声は、まもなく「あー」という失望の声に変わった。芯が焼き切れ消えたのだ。とにかく面白そう。今度はグループに分かれそれぞれ試

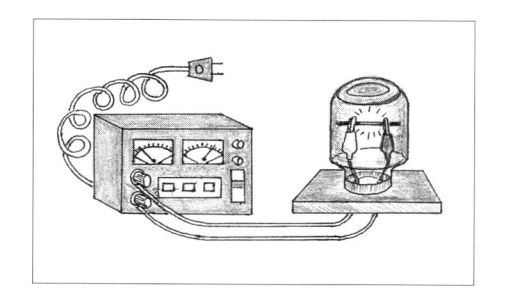

してみた。「煙が出た！」、「光った、光った！」、「明るい！」、「瓶が熱くなった！」、「燃えてる！」、「芯が折れた、いや、焼き切れた！」さらなる驚きの声が方々に響いた。

⑦学習の感想を発表する

学習後に、本時の感想をその場で尋ねてみた。

- フィラメントやペンシルの芯に電気が流れて光ったことがびっくりしました。
- ペンシルの芯が光るって初めて知ってびっくりしました。豆電球の中には結構いろんなものがあって複雑な構造をしていると思いました。
- 豆電球のフィラメントはへそと金具についていると分かりました。だからフィラメントに電気が流れて光ることも分かりました。
- フィラメントが大事なことが分かりました。エジソンはすごいなあと思いました。
- 21世紀のエジソンになれて楽しかった。

やはり、エジソン電球の光は子どもの心をしっかりとらえている。また、豆電球の構造を考えた後にエジソン電球の実験を行うことで、フィラメントの役割や電気の通り道などに対する見方が深まっていることも分かる。

5 本実践を振り返って

① 本時の評価

評価規準①「豆電球が点灯するつなぎ方と点灯しないつなぎ方があることから、豆電球の中の構造に対して興味・関心を高めることができる」については、ほとんどの子どもがクリアしてしたと考えている。発言した子はもちろんだが、「自分もそう思っていた」とほぼ全員が挙手したからである。しかし、その後の様子を振り返ると、その度合いについては各人各様であった。つまり、電球の中身についてすでに予想している子と、中身まではまだ考えていない子がいたのである。その後の展開を考えると、そのギャップは結構大きかった。疑問に対して、すぐに「こういうことかな？」と絶えず考えをめぐらせる子どもに育てていかなければならないと感じている。

また、評価規準②「豆電球が点灯するためには、フィラメントの両端が豆電球の底（へそ）とねじ込みの金属部分とにつながっていればよいことを説明できる」については、回路をどういうふうに電気が流れているのか記述するとき、フィラメントも含めて回路を正しく書き込んでいたことから、全ての子どもがクリアしたと評価している。

②本単元の提案

ア．エジソン電球製作の意味

　エジソン電球を自作して点灯させることには、①豆電球はフィラメントが光っていることから、電気エネルギーから光エネルギーに変換されていることに気付かせること。②フィラメントを含む豆電球の内部が回路の一部になっていることに気付かせること、の２つの意味がある。一般的には豆電球が点灯したとき、子どもたちは「豆電球が光った」という見方をしているが、本当は「フィラメントが光っている」と言ってほしいところである。そうでなければ、電気が光に変わるというエネルギー変換の意識など生まれようもない。エジソン電球は、子どもの目が直接フィラメントに注がれ、エネルギー変換の直接の目撃者になるので、誰もが電気が光に変わったという見方ができるようになる。こうしたエネルギー変換の見方は、５年「電流の働き」においては「電流が磁力に」、６年「電気の利用」においては「電流が熱に」というように、様々な形に発展するが、本学習がその第１弾となる。

　また、エジソン電球が点灯する様子を観察することによって、豆電球が回路の一部であるという見方から、フィラメントが回路の一部であるという見方に変換していく。

　いずれにしても、シャープペンの芯が光った瞬間は子どもの大きな驚きと感動であり、回路の本質を実感を伴って理解する。学習指導要領において、実感を伴った理解とは「習得、体得、納得」と紹介されているが、エジソン電球に関する理解は、それを超えた「感得」の域である。エジソン電球は、それほど魅力的な教材で、黙っていても子どもを科学の世界にリードしてくれる。

イ．科学史の紹介について

　本実践における科学史の紹介とは、エジソンの業績や人となり、白熱電球の発明と当時の人々の暮らしの変化、白熱電球をめぐる科学者の競争を紹介することである。エジソンなどの科学者の優れたアイデアや工夫、粘り強い努力があって現在の便利な生活が成り立っている。何もそれは白熱電球に限らない。このように人間生活は科学に大きく依存しているにもかかわらず、子どもにその意識は希薄である。理科教育においては、身近な科学史を紹介することで、科学の恩恵に感謝の念を持たせたり、科学を身近に感じさせたりしていくことも重要な役割と考える。

　また、科学は決して万能ではない。より安全で安心な科学を求めて、例えば白熱電球からＬＥＤというふうに日々進化している。科学万能を信じて頼り切っていると、地球温暖化や原子力発電所の事故などを引き起こし、取り返しのつかない事態を招くこともある。理科教育においては、問題解決や科学の指導と同時に、科学的に生きることについても考えさせる必要がある。科学の成果を甘受しつつも、人間はどうあるべきかについても目指してほしい。科学史の紹介が、単なる歴史の紹介に終わることなく、歴史に学び今を振り返る学習にしてほしいと願

う。さらに、科学の発展の次代の担い手は子どもたち自身であることについても自覚させたい。エジソンを窓口として科学者の研究の世界を垣間見ることで、国境を越えて進化する科学研究が人類の豊かな未来を創造していくことに希望を持ち、自分も将来そんな世界で働きたいと願う子どもを一人でも多く育てることも理科教育の大きなねらいだと考えている。

③子どもの感想

> フィラメントは、少しずつ熱くなって燃えて光っていることが分かりました。明かりは熱いんだなあと思いました。私はフィラメントをこんなにじっくり見たことがありませんでした。豆電球の金具やへそとフィラメントがつながっていたので、やっぱり回路になっていると思いました。エジソンがフィラメントを日本の竹で作ったので、なんだかうれしい気持ちになりました。でも、よく日本の竹を見つけたなあと思います。今日の理科は、面白くてすごい実験ができたし、エジソンの今まで知らなかった話が聞けたので、とても楽しかったです。

教卓でエジソン電球を点灯させ、「では、グループで実験してみましょう」と言ったとき、「3年生でよかった！」と大きな声で言った子どもがいた。「授業が楽しい。理科が楽しい。このクラスで勉強してよかった」という子どもの感想は、教師にとって何よりの財産である。科学史を活用する授業の魅力が見事に発揮された場面であった。

④本実践の課題

- 授業後の感想が、エジソン電球に関する内容が圧倒的に多かったのだが、それは当然のことだろう。エジソン電球は、それほどインパクトが強く感動的だった。しかし、本時の目標は、豆電球の内部構造を調べることで回路に対する深い見方や考え方を育てるところにあった。つまり、授業の山が二つあり、後の山が大きかったために前の山の感動が薄れた感がある。この二つの山を上手につなぐやり方はないものか。先にエジソン電球を製作し、その後に豆電球の内部を予想するというやり方もある。本実践を参考に、エジソン電球の製作を伴ういろいろな実践の広がりを期待したい。
- エジソンの電球にこだわるのであれば、電球の内部は真空ということになる。しかし、授業で真空の再現は難しい。瓶に二酸化炭素や窒素ガスを入れるというやり方もあるが、フィラメントは燃焼しないものの明るく輝かないため子どもの感動は薄い。また、フィラメントの工夫にこだわれば、「なぜペンシルの芯か」という問題もある。エジソンの追体験となれば「竹炭」が必須であり、各種資料でもいろいろ紹介されているのだが、青森支部の教材研究ではフィラメントに値するものにはならなかった。本教材については、さらなる研究が待たれる。
- 本実践は3年「明かりをつけよう」の実践だが、他学年での実践も考えられる。例えば6

年「燃焼の仕組み」の学習後であれば、フィラメントが燃焼して切れないように酸素を含まない気体にするなど、子どもの工夫場面が生まれる。また、ペンシルの芯の太さや長さを変えることがどんな意味を持つのかについて考え実験してみることも面白い。そこでは（電気の流れにくさ＝抵抗）という概念が生まれてくる可能性がある。そうした、実践研究の広がりも期待している。

（久保　慶喜）

参考文献

天才の発想力　　　新戸雅章著　　サイエンス・アイ新書
電気発見物語　　　藤村哲夫著　　講談社

実践事例 4学年 ②

「水の３つの姿」の実践

1 単元の目標と内容の問題点

本単元は、学習指導要領「Ａ　物質・エネルギー」の(2)の学習内容である。
Ａ　物質・エネルギー
(2)金属、水、空気と温度

> 　金属、水及び空気を温めたり冷やしたりして、それらの変化の様子を調べ、金属、水及び空気の性質についての考えをもつことができるようにする。
> ア　金属、水及び空気は、温めたり冷やしたりすると、その体積が変わること。
> イ　金属は熱せられた部分から順に温まるが、水や空気は熱せられた部分が移動して全体が温まること。
> ウ　水は、温度によって水蒸気や氷に変わること。また、水が氷になると体積が増えること。

　本単元は、平成10年の旧学習指導要領では「Ｃ　地球と宇宙」の内容だったが、現指導要領では「Ａ　物質・エネルギー」の「粒子」の区分に移行された。旧指導要領では、水は温度によって状態を変え、地球規模で循環するというように地球に関する内容として総合的に扱っていたのだが、現行ではＡ区分の「温度と体積の関係、温まり方と状態変化という『粒子』に関する内容」と、Ｂ区分の「天気の様子と空気中の水蒸気との関係という『地球』に関する内容」の二つに完全に分化された。本単元は、前者の内容であるが、状態が変化する物質としては水のみが教材化されている。

ア．問題点①　三態変化を扱う教材は水だけでいいのか？

　本単元では、物質は温度によって、固体、液体、気体の３つの状態に変わることを「水」を教材に学ぶ内容になっているが、そのことに問題はないだろうか。本来、全ての物質は温度によって「３つの状態」に変わる。身近な例を挙げると、ろうそくは炎に温められて液状になり芯の付け根のへこみ部分にたまる。その液体は、毛細管現象によって芯の中を上昇し、芯の先で気体となって空気中に出る。それが燃えて炎になっている。また、エタノールは78.3℃で沸騰する。さらに、

最近科学実験教室などでよく扱われる液体窒素も気体が冷やされて液体に変わったものである（液体窒素の沸点は－196℃）。つまり、私たちの身の回りでは、温度によって固体、液体、気体と状態を変えるのは何も水ばかりでないのである。旧指導要領のように、水が地球規模で循環するという趣旨の内容ならば水のみを教材にすることに何の問題もないが、「粒子」に関する学習ということであれば、水以外の物質も扱いながら、自然をより統一的に見る能力を育てることが大事だと考える。

　無論、水が最も身近で安全で実験や観察がしやすいことから中心教材とするのは当然である。しかし、水しか扱わないことがどんな結果をもたらしているかについても留意する必要がある。例えば、燃焼の学習で、ろうの温度による状態変化の問題を考えるとき、水の三態変化の学習経験を想起できる子どもが意外に少ないという問題がある。たった一つの学びだけでは、子どもの自然を見る目はまだ狭い。子どもに知識の活用を促すためには、類似の複数の事例を学ばせることによって一般化を図らなければならないのである。現状では、三態変化が水に特定された現象だと思い込んでしまう子どもがどうしても多くなってしまう。私たちが目指すのは、学んだことがいろいろな場面でよみがえり、関係付けて考えることができる柔軟でしたたかな子どもである。

　本学習においては、水に限らず他の物質も温度によって状態を変えることを扱い、一般化を図るべきだと考える。そうすることで、液体窒素を見たときなどでも、もともと気体の窒素がどうして液体なのか経験を生かして考える応用力に富む子どもに育っていくことを期待している。

イ．問題点②　「100℃で沸騰して0℃で凍るなんて都合が良すぎる。これって、ただの偶然なの？」という疑問に答える必要があるのでは？

　100℃で沸騰し0℃で凍ることに対して、「なんだかとても都合よくできているなあ…」と、やや不審に思っている子が少なからずいる。現在使っている温度計は、1742年にセルシウスが、水が凍る温度を100℃、沸騰する温度を0℃と設定し、その間を100等分したことがそもそもの始まりである（当初は、今とは逆に設定されていた）。すでに温度計が目の前にあり、その上で沸点や凝固点の観察をしている現代の子どもは、温度計の科学史など知るはずもないので、昔の科学者も自分たちと同じように今ある温度計を使って沸点や凝固点を調べたと何となく思っている。だから、ちょうど100℃で沸騰することに疑問を感じる子どもほど優れた感性を持っていると言える。そういう感性豊かな子どもの疑問には何としても答えてやる必要がある。

　具体的には、沸点や凝固点が100℃や0℃でない液体も扱うことである。その上で、物質によって凝固点や沸点はいろいろであり、セルシウスは水の凝固点を0℃、沸点を100℃と設定したことを知らせる。そうすることで、子どもは自らの勘違いに気付き、科学に対する興味・関心を一段と高めることは間違いのないことである。

ウ．問題点③　子どもは状態の変化をどのようにイメージしているのだろう？

　子どもは、水が温度によって姿を変えていくことをどんなイメージで捉えているのだろう。目には見えるが形が定まらない水をどのようなものとして捉えているのだろう。それが、目に見えない水蒸気になったとき、そのイメージはどのように変わるのだろう。そして、冷やされてカチンカチンの氷になったとき、やはり物質の何かが変わったと捉えているのだろうか。気体、液体、固体によって全く別の物質になったと考える子もいるのだろうか。また、状態は違っても共通する何かが基になっていると考える子が多いのだろうか。はたして、子どもは水や氷や水蒸気を「粒子」のイメージで捉えているものなのだろうか。これらは、極めて興味深い問題であり、理科教師としては是非知りたい事項である。そこで、そのイメージを子どもに描かせてみることにする。そして、そのイメージは5学年の「ものの溶け方」や6学年の「水溶液の性質」の学習などにもつながっていく。物が水に溶ける現象や水溶液が何かの性質を示す現象を解釈するときにも、物質がどのように成り立っているのかというイメージが基盤となる。早晩、「粒子」という考え方に立てば説明がしやすいことにも気付いていくと思うが、科学史を活用することでそれがよりスムーズに進むと考えている。

　「粒子」の考え、すなわち「原子論」自体は、ギリシャ時代（二千数百年前）から「諸物の根源は何か」という議論のもと、様々な科学者（今で言う「科学者」とは違い、どちらかというと「哲学者」。この時代は、実際に「原子」の存在を実験や観察によって確かめたり、その事実に基づいて推論したりしたわけではない）が唱えていた。特に「原子（アトム）」という言葉を用いたのがデモクリトスである。アトムは「これ以上細かくできないもの」という意味で、ほぼ現在の「原子」のイメージと同じである。この考えは中世になると一端途絶えるが、近代になってジョン・ドルトンが唱えた「原子説」によって復活する。この原子説は後にアヴォガドロなどによって修正され、近代の実験機器の発達による精密な実験によって正しいことが証明されていく。この「原子説」を子どもが確かめることは不可能だが、想像することはできる。想像する行為は、夢が広がる楽しい行為である。そこのところを授業として取り上げることには大きな価値があると考えている。

　「原子」については、中学校の理科ではすでに確立された科学知識として教科書で教えているが、それでは身も蓋もない。本当にそれしか方法はないのだろうか。私たちは、直接原子説を教えることをしなくても、時に応じてそのことについて思考をめぐらす場面を設ければ、子どもはそれなりに考え、それに近いイメージを持つと考えている。それが本単元の重要なポイントである。「粒子説」や「原子説」を教えるのではない。物質がどのように成り立っているのかについて、水が気体や固体に状態を変える現象などに接した機会を生かし想像させてみるのである。時に、昔の科学者の考えなども紹介していくことで、科学者との対話が起こり、「粒子」に対する子どもなりのイメージが膨らんでいくものと考えている。

エ．問題点④　水蒸気になるときの体積の変化を扱わなくていいの？

　本単元では、水が冷やされて氷になるときに体積が増えることを扱う。しかし、水が気体（水蒸気）になるときの体積変化を扱わないのはなぜだろう。実は、水が水蒸気になるときに体積がおよそ1600倍にも増えるので、この体積変化を利用してタービンを回して発電している。現行の学習指導要領の改善の基本方針及び具体的事項に、「実社会・実生活との関連、環境教育の充実」が盛り込まれ、具体的には「環境教育の一層の推進、環境保全、環境への負荷に留意した学習の充実」が示されている。言うまでもなく、地球温暖化の防止に向けて持続可能なエネルギーへの関心が高まっている。そうした社会のニーズに応えて、エネルギーに関する学習内容が強化され、「発電や電気の利用」という新しい内容も入ってきた。このような状況にあって、火力発電や原子力発電、バイオマス発電などの仕組みの理解は不可欠であり、水蒸気の持つエネルギーの活用の問題は避けて通ることのできない学習内容である。

　さらに、子どもの側に立つなら、「水が氷になると体積が増える」ことを学べば、「では、水蒸気になるとどうなるのかな？」という問いが生まれるのはごく自然な流れである。その疑問を追究して解決し、そのことが実生活の中でも活用されていることに気付いていくことが、子どもの探究意欲を満足させていく。子どもの科学的な見方や考え方はこうして育っていくのである。

2　本単元に関係する科学史

温度計関係

●ガブリエル・ファーレンハイト（ドイツ。1686～1736年）

　温度計の華氏目盛（ファーレンハイトを中国語で「華倫海持」と音訳していることに由来する）に名前を残している。それまで一般的だったアルコール類を使った液柱温度計が不正確だったので、ファーレンハイトは1724年、水銀の熱膨張による温度計を作った。ファーレンハイトがこの温度目盛を作ったときの話にはいくつかの説があるが、ごく一般的なものを紹介する。ファーレンハイトは日常的に使われる温度にマイナスが出てくるのは不便だとの思いから、実験室環境で作り出した水、氷、塩化アンモニウムの混合状態（人類が作り出せる最も低い温度と考えていた）を0℃とし、血液の温度（馬の血液だったという）を96度とした。そうすると、水と氷の混合状態（水の氷点）が32度、沸騰するのが212度になった。つまり、水の氷点から沸点まで180度に区切られることになった。ファーレンハイトはこの温度計を使って様々な液体の沸点を計測し、沸点が液体によって異なること、大気圧によって変動することなどを発見した。

- **アンデルス・セルシウス（スウェーデン。1701〜1744年））**

1742年、1気圧下における水の凝固点を100℃、沸点を0℃と定め、その間を100等分した温度を定義した。その後、凝固点を0℃、沸点を100℃とする現在の方式に改められた。日本では、セルシウスの温度単位を℃と呼ぶのが一般的だが、セルシウスを中国語で摂弥修斯と音訳することから、摂氏と言うこともある。現在、国際社会で最も一般的な温度単位だが、イギリスなどの放送メディアではセンチグレードと呼ぶこともある。アメリカだけはファーレンハイト度（華氏）を用いている。

蒸気機関関係

- **ヘロン（古代ローマ時代のエジプトのアレクサンドリアで活躍したギリシャ人。紀元前3世紀から1世紀ごろまで諸説あるが、紀元前200年ごろの人か？）**

ヘロンは気圧や蒸気を研究し、世界初の蒸気機関などを記録に残した数学者、工学者。蒸気タービンや蒸気を使った自動で開く扉などを発明したと言われる。しかし、その蒸気機関は実生活に使われたわけではなく、神殿の寄付金を集めるための見世物として使われたようである。また、ヘロンの噴水も発明したが、これも玩具同様のものであった。

- **トーマス・ニューコメン（イギリス。1663〜1729年）**

水を水蒸気にして体積を増やすことによってピストンを持ち上げ、蒸気を冷やすことで水に戻し体積を減らすときにできる負圧でピストンを吸引する仕組みの蒸気機関を開発した。これは、1712年のことで、水が水蒸気になるときには体積が約1600倍になることを利用して作られた蒸気機関である。ニューコメンはこれで商業的に大成功を収めたが、燃料効率は非常に悪かった。

- **ジェームズ・ワット（イギリス。1736〜1819）**

ニューコメンの蒸気機関の効率の悪さに目をつけ、1769年に新方式の蒸気機関に改良した。ニューコメンの蒸気機関がシリンダーに水をかけて冷やしたのに対して、復水器で蒸気を冷やすことでシリンダーが高温に保たれるようにし、燃料効率を高めた。この蒸気機関は産業革命・工業化社会の動力として利用された。さらに、この仕組みを活用しスティーブンソンが蒸気機関車を発明した。

《粒子関係》

- **デモクリトス（古代ギリシャ。紀元前460年ごろ〜前370年ごろの人）**

「すべてのものは〈微細で決して壊れることがない〉原子という小さな粒子からなる」と考えた。また、「原子と原子の間には真空が広がっていて、原子はこの空間を絶えず運動している」と主張した。古代原子論の生みの親といわれるが、この原子論の詳細は明らかではない。それというのも、彼は多くの著書を書いたにもかかわらず今日まで一冊も伝

わっていないからである。デモクリトスの原子論は「空想的原子論」といわれ、「実験的な根拠はない」とされるが、「原子は重さを持つ」ことを重視していることから「水に溶けた物質の重さや水に浮かべたものの重さも秤にかかる」などの発見をもとに、目に見えない世界における物質不滅の原理を確立していたと考えられる。

● ジョン・ドルトン（イギリス。1766～1844年）

化学的原子論の父と言われる。正規の学校で学ぶことなく、ほとんど独学で研究を続けた。「原子１個１個の相対的質量（原子量）を算出し、それをもとにして化学の大系を確立する」研究に打ち込み、1808年「化学哲学の新体系」を出版した。彼は、自分の考えを説明するために丸い原子の模型を使った。これが、「化学的原子論」の始まりである。

● アメデオ・アヴォガドロ（イタリア。1776～1856年）

ドルトンから少し遅れて活躍した化学者。大学では法律を専攻し、弁護士として活躍していた時期もあったが、自然科学への関心が強く、数学や物理学を独学で学び、ほぼ現在に通じる分子概念を確立した。フランスのゲイ・リュサックが「水素と酸素は体積が２：１で化合すること」を確認したことを受け、1811年、「水素と酸素は今まで考えられたように１：１で結合する（HO）のではなく、「水素２原子と酸素１原子が化合する」として水の分子をH_2Oであると主張した。また、気体の分子もHやOで存在するのではなく、H_2、O_2の形で存在すると考えた。しかし、彼の考えはあくまでも試論（仮説）であり、誰にも評価されることなく無名のまま生涯を終えた。彼の仮説が認められたのは49年後の1860年、カニッツァーロによってである。

3 本単元で科学史を活用することの意味

ア．温度計の歴史を紹介することの意味

温度計の発達に関しては、ガリレオが1592年に熱膨張を利用した温度計を組み立てたのが始まりで、そのほかにもたくさんの科学者が温度計作りに励んでいる。しかし、どれも精度が不十分で、温度の目盛りに客観性を欠いていたようである。そこで、その欠点を補おうと発明されたのが、ファーレンハイトの水銀を使った温度計である。

それから18年後、スウェーデンの物理学者セルシウスは、水が沸騰する点（沸点）と、凍る点（凝固点）の間を100等分して現在のセ氏の単位の温度計を作った。このように、現在私たちが使っているセ氏の温度計の目盛りは、水の沸点と凝固点に合わせて後付けしたものなので、水だけがちょうど区切りのいい設定になっている。これらの内容を子どもに紹介することで、私たちが正確に温度を知ることができるのは、客観的な「基準」を設定した科学者のおかげであることが分かり、その功績に対して感謝の気持ちを持つようになる。その結果、科学の

発達と人間生活の向上との関係に思いを寄せ、科学に対する興味・関心を飛躍的に高めることができると期待している。

イ．粒子の考え方を扱うことの意味

学習指導要領に「粒子」という言葉が出てきたが、実際に見ることができない「粒子」の概念を教えることはできても、実感させることはかなり難しい。しかし、「水の三態変化」の学習では、今まで見えていた水が、熱せられると目には見えない「水蒸気」に変化する。誰もが「自分たちには見えないが、確かにそこにある。それがどのように存在しているのだろう？」という問いを持つので、このことを考えさせることで子どもの想像力を働かせることができる。この初期の想像に理屈が伴い、「そうとしか考えられない」ないというレベルに達したとき、それはもう「論理」の世界である。この「そうとしか考えられない」のレベルの世界に「粒子」のイメージはある。それは、4年生の子どもでも十分に到達可能な世界だと考えている。

さらに、自分の考えを説明するときに、昔の科学者が考えた「粒子のモデル」を紹介する。その内容が、子どもの考えと一致するしないにかかわらず、自分たちが科学者と同じように考え、同じように試行錯誤を繰り返しているという事実に、強烈な親近感を感じる。その結果、子どもは科学者に連帯感を感じ、科学に対する興味・関心を高めていくのである。

いずれにしても、この単元だけで「粒子」の考えが子どもたちに受け入れられるとは考えていない。教えることはできても、子どもが心から納得するかどうかは別の次元の話である。それぞれの学年のそれぞれの単元で、「見えない」現象についてその都度考え解釈し説明する活動を連続させることによって、子どもたちは「粒子」という概念で考えると全ての現象の説明がつくと実感させたいと考えている。したがって、本単元では、粒子概念については科学者の考えを紹介をするにとどめ、押し付けるようなことはしないようにする。

ウ．実生活への活用を取り入れることの意味

水の三態変化の自然現象は、生活の中の様々な場面で活用されている。最近では省エネに対する意識の高まりとともに、ペットボトルの水を凍らせて扇風機に当てたり打ち水をしたりすることの効果により、エアコンに頼らないライフスタイルが紹介されるようになった。また、火力発電所や原子力発電所では、水を沸騰させて気化させると体積が1600倍にもなることを利用して、大きなタービンを回し発電している。さらに、ポンポン汽船はパイプの水を熱して気化させた水蒸気を水中に噴射するエネルギーで前進する。水以外のものでは、綿あめも砂糖の温度による状態変化を利用している。空き缶に砂糖を入れて下部をアルコールランプで温めると、砂糖は186℃で液体に変わるので、空き缶の中は砂糖の液体に変わる。この空き缶に錐で小さい穴を開け、上部をモーターの回転軸と接続させて回転させると、遠心力によって砂糖の液体が穴から勢いよくはじけ飛ぶ。その液体は外気に触れると冷やされるので、すぐに細い糸状の固体となる。この固体が綿あめである。これと全く同じ原理でペットボトルもリサイクルされている。ペットボトルも高温で熱すると液体に変わるので、空き缶の穴から細い糸状（繊

維）になって飛び散る。この繊維は、ぬいぐるみの中などに詰め込まれ、子どものすぐ身近にたくさん存在している。

　このように、物質の温度による状態変化はごく身近に起こっている現象であり、科学の発達の歴史の中で人間生活の中にたくさん取り入れられてきた。子どもがそのことを知れば知るほど、科学と人間生活との深い関係に驚き、まさに世界観が変わっていく。科学が人間生活と深く結びついていることを学ぶ機会は、まだそれ程多くわけではないので、子どもにとっても印象深い貴重な学習機会となるはずである。

4 授業の実際

ア．単元構成（14時間）

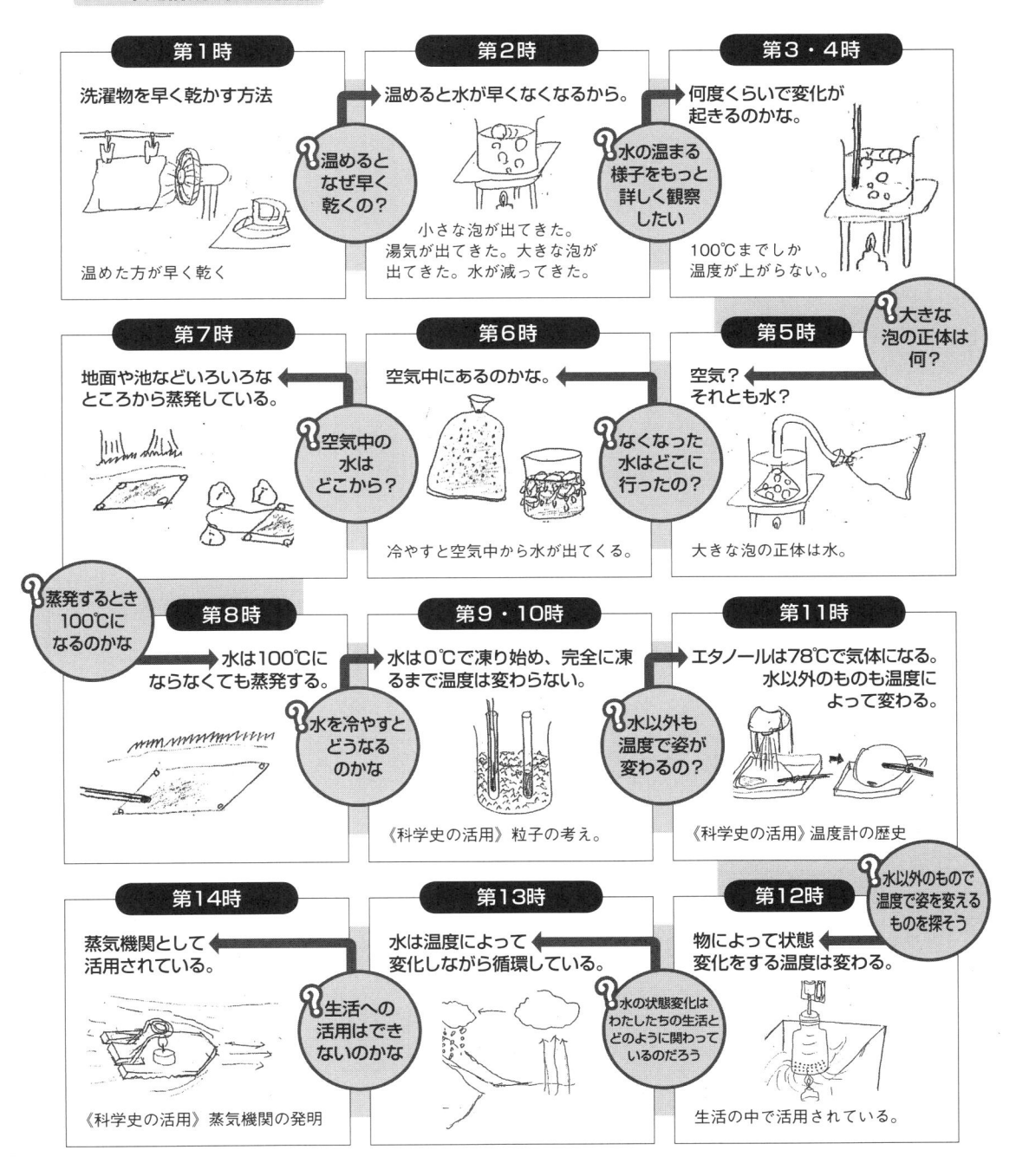

第1時
洗濯物を早く乾かす方法

温めた方が早く乾く

→ 温めるとなぜ早く乾くの？

第2時
温めると水が早くなくなるから。

小さな泡が出てきた。湯気が出てきた。大きな泡が出てきた。水が減ってきた。

→ 水の温まる様子をもっと詳しく観察したい

第3・4時
何度くらいで変化が起きるのかな。

100℃までしか温度が上がらない。

→ 大きな泡の正体は何？

第5時
空気？それとも水？

大きな泡の正体は水。

→ なくなった水はどこに行ったの？

第6時
空気中にあるのかな。

冷やすと空気中から水が出てくる。

→ 空気中の水はどこから？

第7時
地面や池などいろいろなところから蒸発している。

→ 蒸発するとき100℃になるのかな

第8時
水は100℃にならなくても蒸発する。

→ 水を冷やすとどうなるのかな

第9・10時
水は0℃で凍り始め、完全に凍るまで温度は変わらない。

《科学史の活用》粒子の考え。

→ 水以外も温度で姿が変わるの？

第11時
エタノールは78℃で気体になる。水以外のものも温度によって変わる。

《科学史の活用》温度計の歴史

→ 水以外のもので温度で姿を変えるものを探そう

第12時
物によって状態変化をする温度は変わる。

生活の中で活用されている。

→ 水の状態変化はわたしたちの生活とどのように関わっているのだろう

第13時
水は温度によって変化しながら循環している。

→ 生活への活用はできないのかな

第14時
蒸気機関として活用されている。

《科学史の活用》蒸気機関の発明

実践事例：4学年 「水の3つの姿」の実践 | 75

イ．第10時の授業について

(1) 本時の目標
　水が凍ったり沸騰したりして状態を変化させるときの温度を測定する活動を通して、水や水蒸気や氷の物質の成り立ちのイメージを図で表すことができる。

(2) 評価規準
・「水」「水蒸気」「氷」の物質の成り立ちについて、自分なりのイメージを図に描き、分かりやすく説明することができる。（科学的な思考・表現）
・水が決まった温度で沸騰したり、凍ったりすることの面白さや不思議さを実感することができる。（自然事象についての知識・理解）

(3) 授業展開
①水が水蒸気や氷になるときのイメージ図を描く

　水が100℃になると気体（水蒸気）に変化し、0℃になると固体（氷）になることを子どもたちは学習したが、水はどうしてそのように姿を変えることができるのだろうか。その変化に対する自分なりのイメージを表現することで、三態変化について深く考えさせたいと考えた。「温度によって姿が変わる水とは、いったい何者なの？いったいどんなものなの？」と投げかけ、一人一人のイメージをワークシートに記入させた。子どものイメージには、大きく分けて下のような3種類があった。

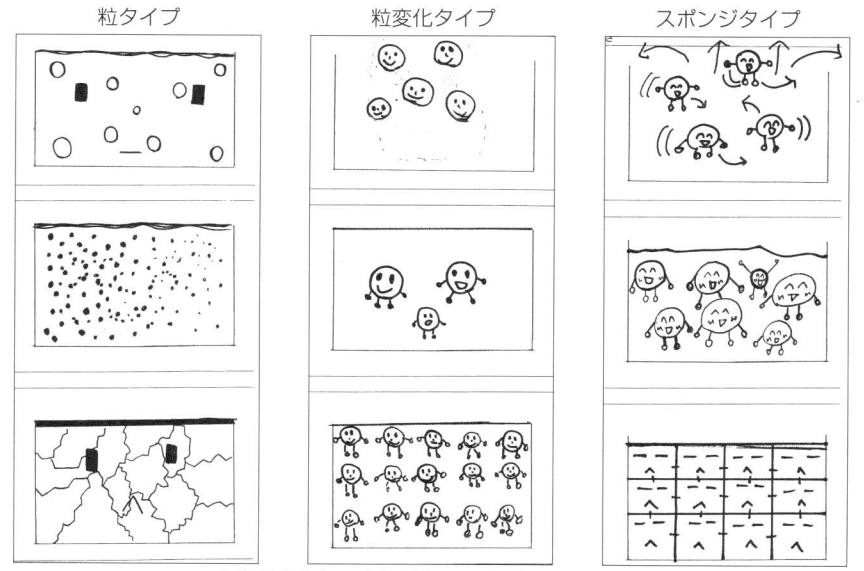

　　　　粒タイプ　　　　　　粒変化タイプ　　　　　スポンジタイプ

上段が水蒸気、中段が水、下段が氷のイメージ

　このイメージ図を見る限りでは、子どもたちのイメージは粒になっているものとスポンジ状になっているものの2種類がある。ただし、スポンジタイプで考えた子どもは水蒸気については考えにくそうだったし、逆に粒タイプで考えた子どもは氷については難しそうだった。いず

れの場合も、子どもたちは目に見えないものを自分なりに一生懸命想像して描いた。普段は水も氷もごくありふれたものであり、どういうふうになっているのか考えもしなかったことをじっくり考える機会となった。「見えないもの」への関心が高まり、想像することの楽しさを味わったようである。

②ドルトンの考えを聞く

子どもたちのイメージ図を発表させた後、ドルトンの逸話を紹介した。

> ところで、みんなの発表を聞くと水蒸気や水を「粒」のように考えている人が多くいましたね。それとは違って、スポンジのように考えている人もいました。それぞれ納得できる部分がありましたね。実は、昔の科学者もみんなと同じように水や水蒸気はどうなっているのかなあといろいろ考えました。その代表的な人の名は、ドルトンといいます。ドルトンはどんなふうにイメージしたと思いますか。それは、1808年（今から200年位前）のことです。ドルトンは、水や空気についていろいろな研究しているうちに、水や空気は「目に見えないくらいの小さな丸い粒」でできていると考えました。そういうふうに考えると、いろいろな現象を説明しやすいことに気が付いたようです。ドルトンの考えがあっているのか間違っているのかは分かりませんが、みんなの中にもドルトンと同じように考えた人がいましたね。

子どもたちは自分の考えがまさか有名な科学者と同じとは思ってもいなかったようである。だから、この話を聞き、「科学者と同じ考えをするなんて、ぼくたちもなかなかすごいんじゃない」、「ぼくたちも一生懸命考えると科学者のように発明や発見ができるかもしれない」と、満足感に浸っていた。

ウ．第11・12時の授業について

(1) 本時の目標
水以外の物質の沸点や凝固点を調べることにより、物質によってそれぞれ沸点や凝固点は異なることに気付く。

(2) 評価規準
①エタノールの沸騰する温度が100℃ではないことを知り、物質によって沸点や凝固点が異なることに気付くことができる。（自然事象についての知識・理解）
②綿あめのでき方について、「温度による状態変化」の決まりを使って説明することができる。（自然事象についての知識・理解）

(3) 授業展開
①水以外のものも100℃で沸騰し、0℃で氷になるのか予想する

水の三態変化について学習した後、子どもたちに疑問に思うことはないか尋ねたところ、「水以外のものでも100℃以上には上がらないのかな？」という疑問が出てきた。「鉄はものす

ごく温めるとどろどろの液体に変わる。絶対1000℃以上はあるよ」という予想もあったが、「鉄は普通は固体だから特別だ。水みたいに普段は液体のものは、水と同じでみんな100℃で沸騰するよ」という考えがほとんどであった。

　②エチルアルコールを湯煎し、様子を観察させる

　水と似たものとしてエタノールを提示し、「これも100℃で沸騰するのだろうか？」と質問した。ほとんどの子どもの予想は、「水と似ているから100℃で沸騰する」というものであった。そこで、写真のようにエタノールを少し入れたビニール袋にガラス管を差し込み、90℃のお湯をかける実験をした。

　すると、エタノールは78℃近くになると、ぶくぶくと泡を出し、盛んに沸騰を始めた。そして、ビニール袋があっという間に膨らんだ（ガラス管の口は粘土で塞いである）。子どもたちは、「えっ、100℃にいかないのにもう沸騰してる」、「本当にアルコールなの？」、「だって先生はアルコールって言ったよ」などとつぶやき、不思議そうな表情である。

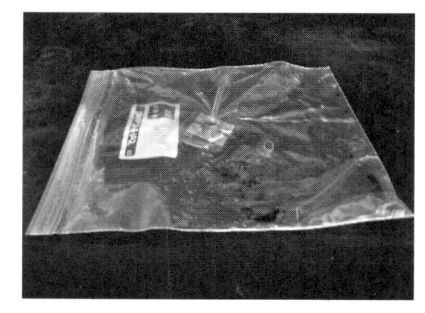

　③袋の中の気体がアルコールかどうか確かめる

　子どもたちのつぶやきの中に、「パンパンに膨らんだ袋の中の気体は本当にアルコールなの？」というものがあった。そこで、「袋の中の気体がアルコールかどうかを確かめるにはどうしたらいいのかな？」と発問した。すると、即座に「火をつければいい。アルコールだったらアルコールランプのように燃える」という答えが返ってきた。「エー、危ないよ」と心配する声もあったが、「もし燃えても、ガラス管の口の先だけだから大丈夫だよ」と安心させ、ガラス管の口を塞いでいた粘土を取り、そこにチャッカマンの火を近づけた。すると、ボッ！と青い炎を出して写真のように勢いよく燃えた。子どもたちは、この現象を見て、袋の中の気体はアルコールの蒸気であることを確信した。

　この実験から分かることを発表させたところ、「エタノールは沸騰する温度が水と違う。100℃で沸騰するのは水だけなのかもしれない」というものがあった。

　④セルシウスとファーレンハイトの話を聞く

　エタノールが78℃付近で沸騰する事実から、全てのものが100℃で沸騰するわけではないことが分かったので、温度計の歴史について話して聞かせた。

　　昔は、科学者がそれぞれ自分で作った温度計で温度を測っていたのですが、温度計が不正確であまり正確に測れなかったそうです。例えば、水が沸騰する温度が日によって違っ

> たりしたのだそうです。それでは、水が沸騰する温度や凍る温度が正確には分かりませんね。そこで、1724年にドイツのファーレンハイトという人が水銀を使って正確な温度計を作りました。この温度計の発明によって、ものの温度を正確に測れるようになったので、ファーレンハイトはいろいろなものの沸騰する点や凍る点を調べました。
>
> 　このファーレンハイトの温度計をもっと分かりやすいように改良したのがスウェーデンのセルシウスです。セルシウスは、1742年に「水が沸騰する点を0℃、凍る温度を100℃」として、その間を100等分した温度計を作りました。この温度計は、後になって逆の方が使いやすいということで、水が凍る点を0℃、水が沸騰する点を100℃に修正し、今みんなが使っているような温度計になったのです。ファーレンハイトの温度計はアメリカで今でも使われています。日本では温度の単位は℃と書きますが、アメリカでは°Fと書きます。これはセルシウスの温度計ではCelsiusの頭文字「C」を使ったのに対して、ファーレンハイトの温度計の方はFahrenheitの「F」を使ったからです。こちらの方は華氏（かし）と読みます。

　この話を聞いた子どもたちは、「そういうことだったのか！」と深く納得した。そして、「水に合わせて温度を決めたのか。だからちょうど100℃なんだ。ぼくは、なんかうまくでき過ぎてると思ってたんだよ」、「今の温度計ができてから270年しかたっていないのでびっくりした。私はもっと昔からあると思っていた」、「セルシウスはよく考えて作ったと思う。セルシウスの温度計の方が絶対いい」などと感心していた。また、「国によって温度が違うなんて不便だ」という意見もあった。

⑤綿あめ作りをし、綿あめができる過程を説明する

　温度による状態変化を利用したものが、身の回りにもたくさんあることを実感させるために、簡単な綿あめ作りを行った。綿あめ製造機は、空き缶下部の側面に3列くらい錐で小さな穴を開け、上部にモーターを取り付けて回転させる簡単なつくりである。この缶に氷砂糖を入れ、モーターで回転させながら底をアルコールランプで熱すると、缶の側面の小さな穴から熱せられて液体になった砂糖が飛び出してくる。飛び出した砂糖は、空気中で冷やされて糸状の固体に戻る。これが綿あめ作りの原理である。子どもたちの目の前で実際にこの実験を行い、どうして綿あめができるのかノートに記述させた。子どもたちは、「そうか、温められて砂糖が液体になるんだ。それが外に出ると冷えるから固体の綿あめになるんだ」、「水と同じだね」とつぶやきながらノートにまとめた。温度による状態変化の決まりがこんなところでも活用されていることにとても驚いていた。そして、理屈が分かると綿あめを見る目が変わった。綿

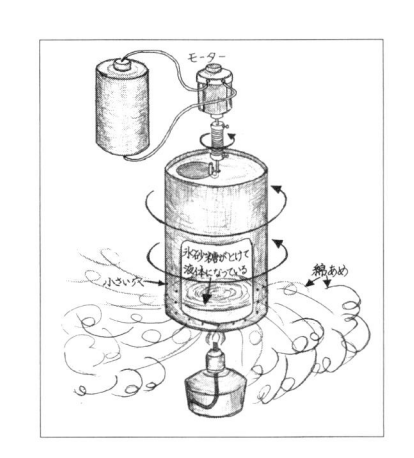

あめそのものよりもそのでき方に強い関心を持ち、本物の綿あめ製造機がどういう仕掛けになっているのか調べてみたいという子がたくさん出た。

エ．第14時の授業について

(1) 本時の目標
ポンポン汽船は水を熱すると水蒸気に変わり体積が増えて噴出するので、そのエネルギーで走ることを確かめることができる。

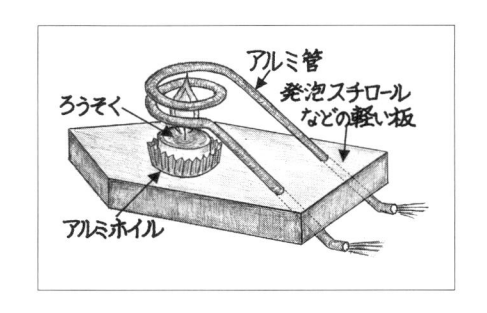

(2) 評価規準
①ポンポン汽船は、水が水蒸気になるときに増えた体積がエネルギーとして活用されて走っていることに気付くことができる。（自然事象についての知識・理解）

(3) 授業展開
①ポンポン汽船が動く様子を観察する

　発展的な内容として、水の温度による状態変化が動力（エネルギー）としても活用されていることに気付かせるために、「ポンポン汽船」を扱うことにした。ここで扱う「ポンポン汽船」は、丸く巻いたアルミ管を船体に乗せた簡単なものである。アルミ管の口にスポイトで水を入れ、アルミ管をろうそくの炎で熱すると、管の中の水が水蒸気に変わり、それが管の口から出るので、ジェット噴射の原理で走る仕組みになっている。

　船を水に浮かべ、ろうそくに火をつけてしばらくすると、ポンポン汽船は突然スッと前に進んだ。ポンポン汽船を初めて見る子どもたちは、「動いた！動いた！」、「結構速いぞ！」など、興奮気味である。しかし、不思議なことに一定のスピードで動き続けるのではなく、スー、スーと進んではまた止まる。そのうち走らなくなったので、スポイトで水を足したらまた走り出した。そうしているうちに、「どうして動くのかなあ？」、「アルミ管から何か出ているんじゃない？」など、つぶやき始めた。

②なぜポンポン汽船が走るのか予想する

　「どんな仕組みでポンポン汽船は走るのかな？」と尋ね、予想させた。圧倒的に多かったのが、「空気が温められると体積が増える。その増えた空気が管から出て、ジェット噴射の役割を果たして船を走らせている」というものであった。しかし、中には「管の口を見ていたけど泡は出てこなかったよ」、「空気だったら泡が出るはず」、「だから空気じゃない！」と言う子もいた。しかし、「それじゃ、何が出ているの？」と聞かれても返答に困り、結局空気説を覆すことはできなかった。

③空気説はあっているのか確かめる

　子どもたちは空気説を確かめるため、アルミ管に何も入れず、そのままろうそくの炎を近付けた。「そろそろ動き出すぞ」とつぶやきながらじっと見ているが、ポンポン汽船は一向に走

り出さない。「失敗かもしれない」と、何回かやり直してみるがやっぱり走らない。子どもたちは、「空気じゃないのかな？」、「何か別のものかな？」と、ますます疑問を深めた。そのとき、Ａ男は「空気じゃないとしたら、あとは水しかないよ」と発言した。理科が得意なＨ男はその言葉にすぐ反応し、「そうか。水だったら水蒸気が出るね。水蒸気は水に出てもすぐ冷やされて水になるから、それで泡が出ないのかも？」と発言した。しかし、多くの子どもたちは、「水蒸気で走るわけがない」と頭から否定し、反応は冷ややかであった。

　そこで、実際に管に水を入れて確かめることにした。すると、ポンポン汽船は走り出した。「やっぱり水だ！」と、子どもたちは大いに驚いた。しかし、その一方で「水は温めても空気のようには体積が増えなかったよ。空気でも動かないのに、どうして水で動くの？」と言う子もいる。そのとき、エタノールの実験を思い出したＡ子は、「アルコールを沸騰させたときにビニール袋がすぐパンパンに膨らんだでしょ。水も水蒸気になると体積がいっぱいになるんじゃないか」と発言した。それを聞いた子どもたちは、「なるほど。それしか考えられない！」と、Ａ子の考えに賛成した。

　④水蒸気は本当に体積が増えるのか確かめる

　水を入れたフラスコにガラス管を差し込んだゴム栓でふたをし、ガラス管にはビニール袋をかぶせた。水が水蒸気になると本当に体積が増えるか確かめるためである。

　水が沸騰し始めると、写真のようにビニール袋がどんどん膨らみ始めた。間もなくパンパンになって今にも破裂しそうになった。すると、ビニール袋は水滴で白く曇った。子どもたちも「すごく膨らんだ。空気よりすごい！」と興奮気味に話した。実験終了後、ビニール袋をガラス管から外すと、ビニール袋は急激にしぼんでぺしゃんこになった。そして、袋の中には水滴がたまっている。子どもたちは、「あんなにビニール袋が膨らんだのに、水はたったこれしかない。水が水蒸気に変わると体積がものすごく増えるんだ」と驚いた。

　この実験後に、もう一度ポンポン汽船が走る理由を説明させた。今度は、「水が水蒸気に変わると体積がものすごく増える。その水蒸気がアルミ管から出るのでジェット噴射のように前に進む」と、見事に説明した。

　⑤ニューコメンやワットの話を聞かせる

　ポンポン汽船の学習を通して、子どもたちは水蒸気の力にとても興味を持った。そこで、蒸気機関を発展させたニューコメンとジェームズ・ワットの業績を紹介した。その話の内容は次のようなものである。

> 　蒸気の力は古くから知られていたのですが、なかなか実生活には生かせなかったようです。蒸気の力を初めて実生活に生かす機械を発明したのがイギリスのニューコメンという人です。それは今から300年前の1712年のことでした。ニューコメンの時代は、イギリスの工業が発展し始めたころで、たくさんの地下資源が必要とされていました。しかし、地下資源を掘り出すときに地下水が出るので困っていました。地下水は邪魔なのです。そこで、ニューコメンは蒸気の力を使って水を汲み上げる装置を発明し、大もうけをしたそうです。
> 　しかし、問題がありました。ニューコメンが作った蒸気機関はとてつもなく燃費が悪かったのです。その問題を解決したのがジェームズ・ワットです。ワットはニューコメンの蒸気機関を改良し蒸気機関を効率のよいものにしました。それは今から240年前の1769年のことです。このワットの蒸気機関はすばらしい性能で、あっという間にイギリス中に広がったそうです。それが世界の工業化の始まりとなりました。さらに、このワットの発明が基になって、たくさんの発明が生まれました。その一つがジョージ・スティーブンソンが作った蒸気機関車です。そのほか、蒸気船や工場の機械など、蒸気機関はいたるところで利用され、人間生活はとても便利なものに変わっていきます。これを産業革命といいます。

　この話を聞いて、「水が水蒸気になるときに体積が増えるのをエネルギーに利用するなんて、やっぱり科学者の発想はすごいね」などのように、科学者に対して尊敬の念を持つ子がとても多かった。また、「この発明のおかげで工業が盛んになったのだから、科学はやっぱり人間にとって大事だ」というように、科学の発達と人間生活の向上について特別な思いを持つ子どもも目についた。

　⑥火力発電のモデルを使って、実生活との関わりを実感する
　現代では、ＳＬが廃れたように蒸気機関を活用しているものは少なくなってしまった。その中で、いまだに中心的な役割を担っているのが火力発電である。人間生活への恩恵という点でも極めて大きなものである。そこで、子どもたちの生活と切っても切れない関係である火力発電の仕組みについて取り上げることにした。
　おそらく子どもから答えは返ってこないだろうと思いつつも、「ところで、みんなの暮らしの中にも、この蒸気機関を利用しているものがあります。みんなが毎日使っているものです。何か心当たりはありませんか？」と、質問した。子どもたちは、「えっ、何だろう？」、「今は電車で蒸気機関車じゃないし・・・」と、予想通り何も思いつかない様子でとても悩んでいる。頃合を見計らって、「正解は電気です」と発表したところ、子どもたちからは「エー！」と驚きの声があがった。何が何だか予想もできない様子である。さっそく、写真のような火力発電のモデル実験器を持ってきて見せ、発電の仕組みを簡単に説明して、実際に発電の実験を行った。
　子どもたちは実験機をじっと見ている。フラスコの中の水が沸騰すると水蒸気が実験機の中

の風車に吹きかかり、しばらくするとその風車が回り始めた。すると、発電機と導線でつないだモーターも回り出した。モーターにはプロペラがついているので、まるで扇風機のようにだんだん勢いよく回るようになった。どもたちは「オー！」と歓声をあげ、期せずして拍手が沸き起こった。

授業後、一人の子どもが近寄り、「水蒸気になると体積が増えるのを利用して電気を作っていることが分かってびっくりした」、「科学が自分たちの暮らしに役に立っているところがすごく面白い！」と、声をかけてきた。科学史を紹介することで、子どもたちは確実に科学に対する関心を高め、科学の有用性を実感する結果になっていることを確信した。

5 本実践を振り返って

①科学史を活用することの評価

本実践において、科学史を活用することによってどんな成果を期待したのかというと次の3点にまとめられる。

> （ア）物質の成り立ちについて、粒子をイメージすることができる。
> （イ）温度計の目盛りは、状態変化の決まりを利用して作られたことに気付く。
> （ウ）液体が気体になると体積が爆発的に増えることを利用して人間はエネルギーを作り出し、暮らしを便利にしてきたことに気付く。

現行の学習指導要領では、粒子に関わる諸現象を説明するときの手段として「粒子」の考え方を活用することが大事だと言われる。しかし、子どもが「粒子説」に立たなければ「粒子説」を活用できないのだから、「粒子」をイメージするような指導が必要である。そのため、本単元ではイメージ図を描かせ、ドルトンの原子論を紹介した。原子論を教えたわけではないが、粒子説の子が過半数だったので、その子たちは大いに共感しほぼ全員が粒子説に賛同する結果となった。また、ドルトンの説が自分の考えと似ていたため、科学者に親しみを感じるという予想外の効果も生まれた。

（イ）については、温められたエタノールが78℃前後で沸騰する現象を目の当たりにして、「全ての物質は沸点や凝固点が水と同じである」という子どもの誤概念が打ち破られた。この学習を通して、多くの子どもがどんな物質でも100℃で沸騰すると思い込んでいるという事実が分かったことも有意義であった。

さらに、水の三態変化を利用して正確な温度計ができて科学の実験が正確に行われるようになり、科学の発達に貢献したことについても子どもは深く納得した。科学の発達の時系列に子どもの意識が向いたのも初めてのことであり、今後も科学を学び続ける上で有効な学びであったと考えている。

（ウ）については、自分たちの学びが実は自分たちの暮らしと深く結びついていることに気付かせることができた。子どもたちは、理科が生活の中で役立っていないとは思っていないが、具体的にこれというものもこの学年まではなかった事も事実である。しかし、本学習では、「蒸気機関」や「発電」への活用の実例を、自分の学びと関係づけて実体験できたので、より深い理解となった。科学が大好きな子どもは、こうして育っていくという確かな手応えがある。

また、現行の学習指導要領には、「水が氷になると体積が増えること」の内容が付け加えられた。しかし、もっと体積変化が大きい水蒸気を扱うならば、物質の成り立ちに対する認識がさらに深まっていく。驚くことに、水蒸気は水の粒子が空間に浮いているとイメージしている子どもが半数近くもいた。子どもの感性は予想以上に鋭い。粒子概念をもつことは子どもにとって決して難題ではないと強く感じた。

②子どもの感想

この単元終了後に子どもたちに感想を書かせたところ、科学史について書いた子どもが多かったことにまず驚いた。次がその代表的なものである。

> ・一番驚いたのは、ポンポン汽船は空気ではなく、水蒸気で走っていたことです。水が水蒸気になるとき、あんなに体積が増えるなんてびっくりです。これを利用して考えたニューコメンやスティーブンソンはすごく頭がいいと思います。
> ・ぼくは、温度計が水の沸騰や氷になるときの温度に合わせて人間が決めたことにびっくりしました。温度計は誰かが適当に目盛りを作ったと思っていたけど、きちんと根拠があったのでよく考えたなあと思いました。ぼくは「何でこうなるの？」、「何でこれが発明されたのかな？」と、もっと頭を働かせたいと思います。
> ・私は、水の姿を「粒」で考えていたけど、昔のドルトンという科学者も「粒」で考えていたことが分かってとてもびっくりしました。昔の偉い科学者と同じ考えだったのですごくうれしかったです。今私たちが勉強していることは、昔の科学者がずっと考えて発見してきたことなんだなあと思います。

以上のことから、昔の科学者が自分と同じ考えをしていることを知った時、子どもは素直に感動するものであることが分かる。また、科学者が自分たちが考えもしなかったことを考えたり、実生活に生かしたりしていることを知った時にも、素直に尊敬の念を抱く。理科の授業に科学史を活用することは、子どもを科学好きにする極めて有効な手法であることに自信を深めた。

③本実践の課題

・水のそれぞれの状態の成り立ちについてイメージさせることは難しく、何か手立てが必要である。したがって、本単元に限らず、「空気と水」の単元で空気でっぽうが遠くに飛ぶ現象や水が縮まらない現象を解釈する場合など、その都度、図を描かせていく必要がある。子どもが慣れるにしたがってイメージも膨らみやすくなる。

・本単元はエネルギー教育との関連が深い。そのような視点から蒸気機関を取り上げたが、一方で化石燃料の使用が環境問題を引き起こしたことにも留意が必要である。今後は、総合的な学習の時間にエネルギー環境教育を位置づけ、本単元と連携を図りながら持続可能な社会の在るべき姿を創造する学習を実践していく必要がある。

・科学史の活用という視点で教材化を図ると、学習内容がどんどん広がり、所定の時数ではおさまらなくなる。特に本単元では科学史の活用をテーマに単元を組んだので膨大な量に膨らんだ。それぞれ意義深いものではあるが、一般的には時数に制限があるので教材の取捨選択が必要である。

・科学者の苦労や発明・発見と実生活との関わりを扱うと、ごく自然に科学者を尊敬し、科学を愛する心情が育っていく。しかし、科学史を活用しようと思っても、教科書等ではあまり紹介されていないので、資料不足を補うための教師の作業が増える。今回紹介した事例が、多方面において活用されれば幸いである。

(松山　勉)

参考文献

「科学史年表」	小山啓太著	中公新書
「なぜ生まれた？どう進歩した？早わかり科学史」	橋本　浩著	日本実業出版社
「発展コラム式　中学理科の教科書　第1分野物理・科学」	滝川洋二編	講談社
「科学史伝記小事典」	板倉　聖宣著	仮説社
「新訳ダンネマン大自然科学史　第6巻」	安田　徳太郎訳・編	三省堂

実践事例 5学年 ③

「ものの溶け方」の実践

1 単元の目標と内容の問題点

本単元は、学習指導要領「A　物質・エネルギー」の（1）の学習内容である。
A　物質・エネルギー
(1) 物の溶けかた

> 物を水に溶かし、水の温度や量による溶け方の違いを調べ、物の溶け方の規則性についての考え方を持つことができるようにする。
> ア　物が水に溶ける量には限度があること。
> イ　物が水に溶ける量は水の温度や量、溶ける物によって違うこと。また、この性質を利用して、溶けている物を取り出すことができること。
> ウ　物が水に溶けても、水と物とを合わせた重さは変わらないこと。

本単元の内容は平成10年版の旧学習指導要領のものとまったく同じである。

ア．問題点①「溶けるものと溶けないものの区別は？」

ここでは、食塩、ミョウバンを中心に、水に溶かすと透明になるものを扱っている。しかし、日常生活の中では、水に溶けるという現象に対する子どもの感性はもっと広い範囲で働いている。料理番組を見ていると、「水溶き片栗粉」という言葉がたびたび出てくる。子どもたちは水に片栗粉を入れてかき混ぜている様子を実際に見ているので、「片栗粉は水に溶けている」と思っているかもしれない。さらに、もっと身近なインスタントコーヒーやココアなども子どもたちは水に溶けているものとして見ているに違いない。

小学校の理科では、水に溶けている状態とは硫酸銅以外は無色透明になるもの（溶質の粒子の大きさが直径10^{-7}cm以下のもの）という認識が一般的で、食塩やミョウバン、ホウ酸などを教材として扱うが、子どもの意識としては、「粒が見えなくなるもの」は溶けていると捉えているようである。はたして、コーヒーや牛乳は溶けているのだろうか。現状の多くの指導では、そのことの扱いがあいまいなままである。子どもたちは、それで「溶ける」という現象について本当に納得しているのかが問題である。

イ．問題点②「溶けるイメージ、析出するイメージは？」

　本単元は、子どもたちに「水に溶ける」「食塩などが析出する」という現象を追究させながら、「溶ける」ことのイメージを明確にしていくことがねらいである。目に見えない現象を扱うことになるので、学習が「溶ける」「溶けない」の事実の追いかけに終始し、「溶ける」ことのイメージ形成に至らない可能性もある。そこで、ここでは、子どもの見えないものに対するイメージを積極的に表現させる必要がある。一度表現すると、子どもたちは現象を追いながら、自分のイメージを修正していく。そして、それを繰り返していくうちに、事実に即して考え、「溶ける」「析出する」というイメージを確かなものにしていく。そのプロセスを通して、子どもたちは創造力や論理的思考力を高めていくことが期待される。このようなことから、「溶ける」のイメージ図を活用することが、この単元のポイントになるものと考えている。

2 本単元に関係する科学史

●アントワーヌ・ラボアジエ（フランス）

　質量保存の法則を発見した。ラボアジエの時代は、すべてのものは「土、水、火、風」の4つのものでできていると考えられていた。例えば、水を温め続けると土ができるとまじめに考えられていたのである。ラボアジエはそれが正しいのか疑問に思い、確かめるために「ペリカン」と呼ばれるガラス容器に水を入れ、100日間加熱する実験をした。その結果、ガラス容器の底に土のようなものができた。やはり水は土に変わったようにも見えたのだが、ラボアジエは、その分ペリカンの重さが減っていることに気付き、土のように見えたものは、実はガラス容器の溶けたものだったことを発見した。この実験をきっかけに、ラボアジエはいろいろな化学実験を行う前後で、それに関係する物質の総和は変わらないという質量保存の法則が成り立つことを発見した。

●ジョン・ドルトン（イギリス）

　化学的原子論の父と呼ばれる。「原子1個1個の相対的な重さを明らかにして、それをもとにして科学の大系を作り直す」研究に打ち込み、1808年「化学哲学の新体系」を出版した。彼は、自分の考えを説明するために丸い原子の模型を使った。この考えは、それまで発見され、証明できなかったことを証明できる大変有効な説だったのだが、実際に確かめることができなかったこと、この時期の化学の世界は混乱をしていたことなどのため、あまり浸透しなかった。しかし、後世になってこの考えが見直され、これが、「化学的原子論」の始まりとされた。

●アメデオ・アヴォガドロ（イタリア）

　今に通じる分子の概念を確立した。ラボアジエによって水が水素と酸素の化合物である

ことが知られていたが、それを当時は「HO」と表していた。しかし、フランスのゲイ・リュサックが「水素と酸素は体積が2：1で化合すること」を確認したことを受け、1811年、アヴォガドロは、「水素と酸素はそれまで考えられていたようにHOと結びつくのではなく、水素2原子と酸素1原子が化合して作られると考えた。だから『H₂O』と表すことができる」として水の分子を「H₂O」であると主張した。また、気体の分子も「H」や「O」で存在するのではなく、「H₂」「O₂」の形で存在すると考えた。しかし、ドルトン同様、彼の考えはあくまでも仮説で、実験によって確かめられるものでもなかった。また、依然として化学の世界は混乱が続いていたため、人々に受け入れられることはなかった。彼の仮説の重要性が認められたのは、1860年にカニッツァーロが化学者たちの国際会議で紹介してからで、アヴォガドロが最初に発表してから50年もたってからのことであった。カニッツァーロ自身、有機化学者として優れた業績を残しているが、最大の仕事はアヴォガドロの再発見だと言われている。

3 本単元で科学史を活用することの意味

(1) 本単元における科学史の活用とは

　「溶ける」の子どもの一般的なイメージは、「目に見えない小さな粒になって水中にある」と「もやもやした液体になって水と一体化する」とに分かれる。しかし、この二つのイメージのどちらが正しいかを調べることは不可能である。子どもがそのことにこだわると、不満足な学習になってしまう。本学習では、そこを打破するためにコロイド溶液を教材化する。食塩水などの教科書で扱う一般的な水溶液とコロイド溶液との違いを調べることによって、溶質の粒の大きさに着目させる展開にしていく。

　コロイド溶液の研究は19世紀に発達した。一言で「水に溶ける」といっても、溶かしたあとが透明か不透明かの違いが出てくる。不透明なものは「コロイド溶液」であり、透明になるものは晶質（クリスタルノイド）である。コロイド溶液は、石けん水やコーヒーなどであるが、「沈殿しない」「均等に混じり合う」など、溶ける性質と同じ現象が見られる。そのため「溶けるもの」の仲間にも思えるのだが、厳密に言えば「溶けないもの」の仲間になる。そこで、コロイド状のもの、例えば粒が白くて溶液も白いスキムミルクと、同じく粒は白いが水溶液は透明な食塩水やミョウバン水とを提示し、なぜこのような違いが出てくるのかイメージ図などで表現する活動を取り入れることにする。このように両方を比較して考えるならば、子どもは「粒子」として水溶液を捉えるようになると考えている。さらに、ドルトンやアヴォガドロの考えたことを紹介することで、自分たちの考えと似ていることから「粒子」として考えることに違和感がなくなるものと考える。

(2)「見えなくてもある」ことを実感させる

　見えなくなったものでも水の中に確かに存在している。子どもたちに目で見えないものを質量的に捉えさせ、「存在」をそこに感じさせる意味でも、「質量保存の法則」は重要なポイントとなる。そのとき、イメージ図などを活用すると、「粒が実際にそこにあるのだから同じ重さがあるはず」、「液体と同化しているので質量は固体のときより減っているかもしれない」など、子どもなりの理屈で考えるようになる。そこで、この場面で、質量保存の法則を発見したラボアジエのペリカン容器での実験や考えたことを紹介する。そして、ラボアジエの考えをどう思うかについて子どもたちに十分に話し合いさせたい。子どもたちはラボアジエとの対話によって、見えなくてもあることを感じ取るものと考えている。

4 授業の実際

ア．単元構成（13時間）

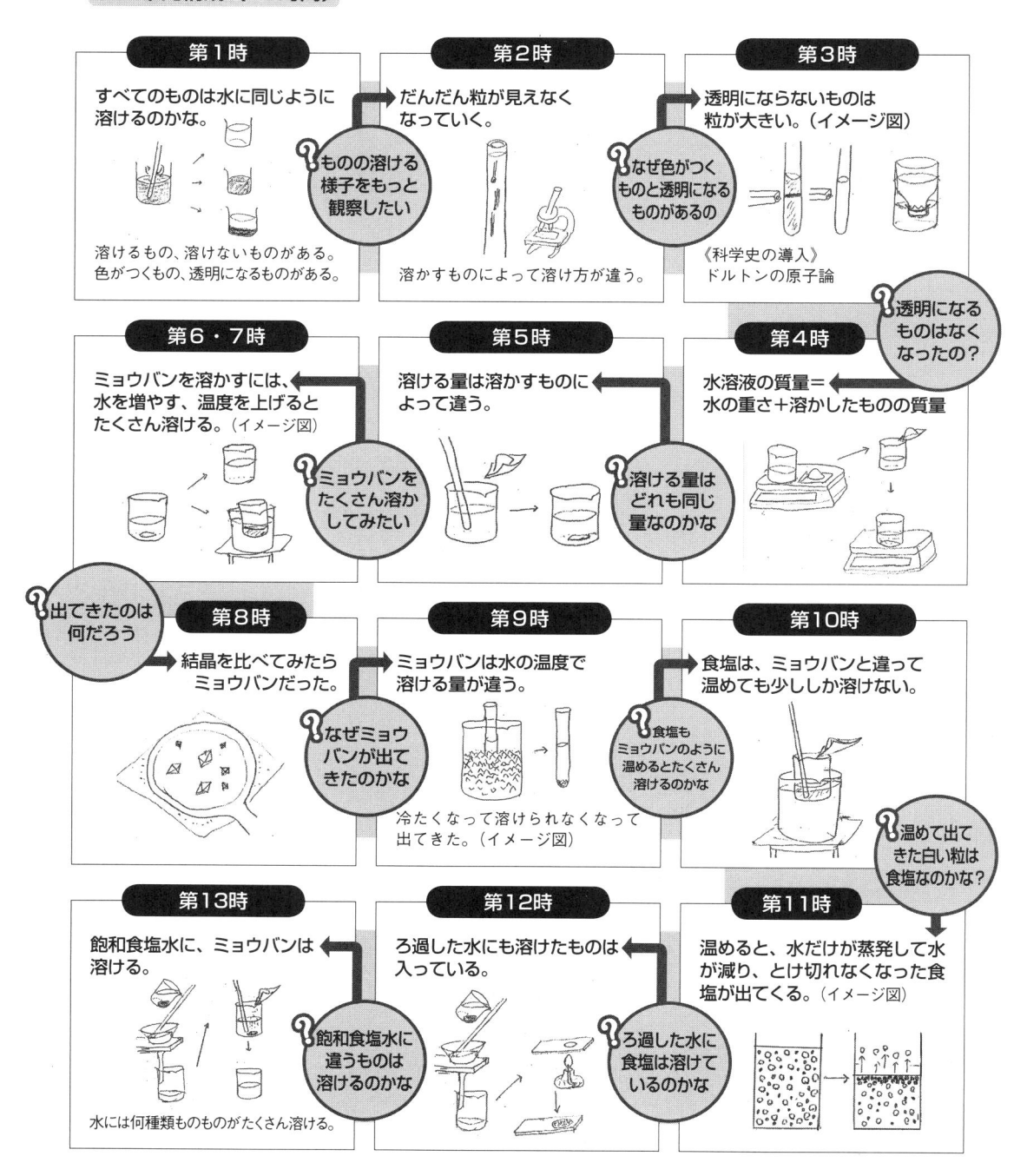

第1時
すべてのものは水に同じように溶けるのかな。

溶けるもの、溶けないものがある。色がつくもの、透明になるものがある。

〈ものの溶ける様子をもっと観察したい〉

第2時
だんだん粒が見えなくなっていく。

溶かすものによって溶け方が違う。

〈なぜ色がつくものと透明になるものがあるの〉

第3時
透明にならないものは粒が大きい。（イメージ図）

《科学史の導入》
ドルトンの原子論

〈透明になるものはなくなったの？〉

第4時
水溶液の質量＝水の重さ＋溶かしたものの質量

第5時
溶ける量は溶かすものによって違う。

〈溶ける量はどれも同じ量なのかな〉

第6・7時
ミョウバンを溶かすには、水を増やす、温度を上げるとたくさん溶ける。（イメージ図）

〈ミョウバンをたくさん溶かしてみたい〉

〈出てきたのは何だろう〉

第8時
結晶を比べてみたらミョウバンだった。

〈なぜミョウバンが出てきたのかな〉

第9時
ミョウバンは水の温度で溶ける量が違う。

冷たくなって溶けられなくなって出てきた。（イメージ図）

〈食塩もミョウバンのように温めるとたくさん溶けるのかな〉

第10時
食塩は、ミョウバンと違って温めても少ししか溶けない。

〈温めて出てきた白い粒は食塩なのかな？〉

第11時
温めると、水だけが蒸発して水が減り、とけ切れなくなった食塩が出てくる。（イメージ図）

〈ろ過した水に食塩は溶けているのかな〉

第12時
ろ過した水にも溶けたものは入っている。

〈飽和食塩水に違うものは溶けるのかな〉

第13時
飽和食塩水に、ミョウバンは溶ける。

水には何種類ものものがたくさん溶ける。

イ．第3時の授業について

(1) 本時の目標
溶かして透明になるものとならないものの違いをイメージ図で表現し、水の中の粒の大きさに違いがあることを実験で確かめることができる。

(2) 評価規準
①透明になるものとならないもののイメージ図を描き、透明になる・ならないわけを説明することができる。（科学的な思考・表現）
②レーザー光線の通り道が見える・見えないという実験結果をもとに「溶ける」という現象について考察し、自分のイメージ図を修正することができる。（科学的な思考・表現）

(3) 授業展開
①スキムミルクと食塩の溶ける様子を観察する

「食塩もスキムミルクも白い粒が溶けるのに、スキムミルクが白くなるのはなぜか」という学習問題を考えるために、アクリルパイプに食塩とスキムミルクを入れて溶ける様子を観察させた。食塩の粒はシュリーレン現象を伴いながら下に落ちていく。そのとき、粒のまわりから溶け始め、下に行くにつれてだんだん小さくなり、最後には見えなくなる。スキムミルクは水面を漂いながら煙のように白くなって粒は見えなくなる。そして、粒が見えなくなってから、徐々に下の方に広がっていく。子どもたちはこの現象を何度も何度も繰り返し観察し、違いを見つけ出そうとしていた。

②スキムミルクと食塩が、水に溶けた状態についてイメージ図を書く

スキムミルクは表面を漂いながら煙のようになり、白い濁りが下方に広がっていく。

食塩を溶かしたときは、粒が下に落ちながら小さくなっていく。

スキムミルクと食塩では、溶ける前は同じように白い粒だが、溶けた後では食塩は透明になり、スキムミルクは白く濁る。子どもたちはこの現象に対して、溶けた後の水の中に存在する状態の違いと予想した。子どもたちは、溶けたものは見えなくなっても、なくならないで水中にあるはずだという考えでは一致していた。そこで、食塩とスキムミルクが水の中にどのようにあるのかイメージ図を描かせたところ、大きく二つに分かれた。A子は食塩もスキムミルクもだんだん小さくなる事実に着目した。そして、食塩はだんだん小さくなりやがて見えなくなったのだから食塩はすごく小さな粒になったと考えた。スキムミルクは溶けていく途中で白く濁りのように残ったことから、食塩のように小さくならないと考えた。そこで、両方とも粒の状態であることに変わりはないが、粒の大きさによって透明になるものと透明にならないものがあるとイメージした（図A）。B子は、食塩では見られるがスキムミルクでは見られなかった「モヤモヤ」（シュリーレン現象）に着目し、食塩はだんだん水と一体化して液体になっていったと考え、シュリーレン現象が見られなかったスキムミルクは、小さい粒になったと考えた。（図B）

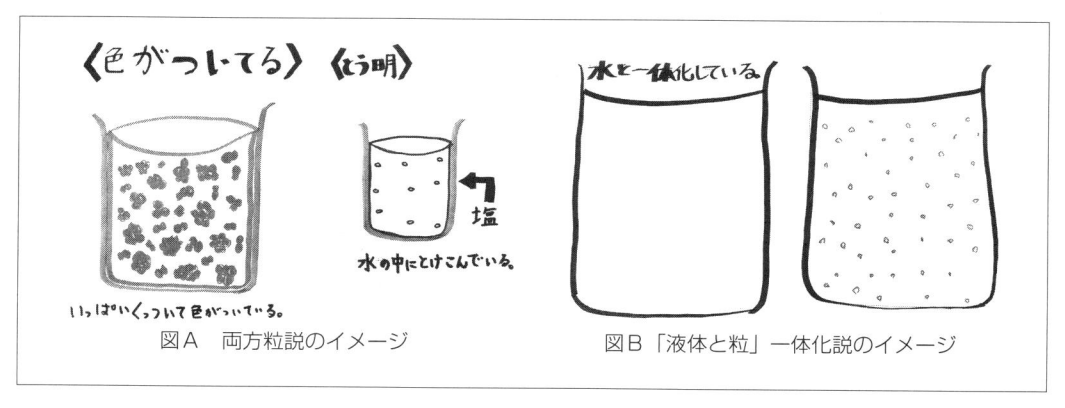

図A　両方粒説のイメージ　　　　　図B「液体と粒」一体化説のイメージ

③ドルトンの説話を聞く

　二つの考えについて十分話し合ったが、どちらの考えも「ありうる」ということになり、結論は出なかった。そこで、次のドルトンの考えを示した。

　「実は、この問題に対して昔の科学者の中にもみんなと同じように考えた人がいるんだよ。その人の名前は、『ドルトン』といいます。それは、1808年のことです。ドルトンは物は小さな丸いもの（原子）の集まりであると考え、そのことをモデル図を使って説明しました。それが『原子論』というものです。ドルトンは、原子論を使って考えるといろいろな現象を説明しやすいと考えたのです。しかし、残念ながらドルトンのこの考えを確かめる方法はありませんでした。そこは、今のみんなと同じですね。ドルトンの考えが正しいかどうかはまだ分かりません。だから、当時もドルトンの考えを疑う人がたくさんいて、ドルトンの考えはなかなか広がっていきませんでした。

子どもたちは、この話を聞いてドルトンが考えたことと自分たちの考えが似ていることにまず驚き、大いに喜んだ。そこで、「ドルトンだったら、このAとBの考えのどちらに賛成すると思いますか？」と発問した。ドルトンはスキムミルクの粒の大きさについて何か言っているわけではないが、小さい粒になっているという点ではAもBもドルトンの考えと共通点があると感じている。しかし、ドルトンはイメージ図Aでは食塩が粒で表されているので賛成するが、イメージ図Bは食塩が粒ではなく液体になっているので賛成しないのではないかという発言が多かった。しかし、はっきりとした結論が出たわけではない。こうして、「科学者の考えが正しいかどうか確かめたい」という欲求が高まってきた。

　⑤スキムミルクと食塩水にレーザー光線を当て、その様子を観察する

　イメージAとイメージBに共通しているのは「スキムミルクは粒の形で残っている」という考えである。スキムミルクは本当に水の中に粒が残っているのだろうか。まず、そのことを確かめたいと考えた。子どもたちは、「ろ紙でろ過すると粒が残るのでは」と考え、実際にろ過してみた。しかし、粒はろ紙に残らず、白く濁ったスキムミルクはビーカーに落ちていった。ろ紙を通るかどうかは粒が大きいものでしか比べられないことを説明した後、レーザー光線を当てるやり方を教えた。レーザー光線はプレゼンテーションのときにレーザーポインターとしてスクリーンの写真などを指し示すものとして子どもたちにも馴染みがある。レーザー光線は光が進む途中に障害物があると光が赤く見え、障害物がないと何も見えない。この現象を「チンダル現象」ということを説明していると、C子はいきなり「スキムミルクに当てると、粒があるからぶつかってレーザーが見えるかもしれない」と発言した。子どもたちも「なるほど、これで確かめられるかもしれない」と納得。早速、実験することになった。

　まず水道水で実験した。子どもたちは「水道水には何も溶けていないので、レーザー光線の光は当然見えない」と予想した。結果はその通り。試験管に当たるまで何も見えなかった。

　次は、いよいよスキムミルクである。スキムミルクの溶液にレーザー光線を当てると、写真のように光線の赤い線がはっきりと見えた。子どもたちは「あー、見える、見える」と喜び。「やっぱりスキムミルクは粒の形で残っている！」と納得した。他の透明にならないものでも試してみたいと、コーヒーや紅茶、入浴剤などでも確かめ

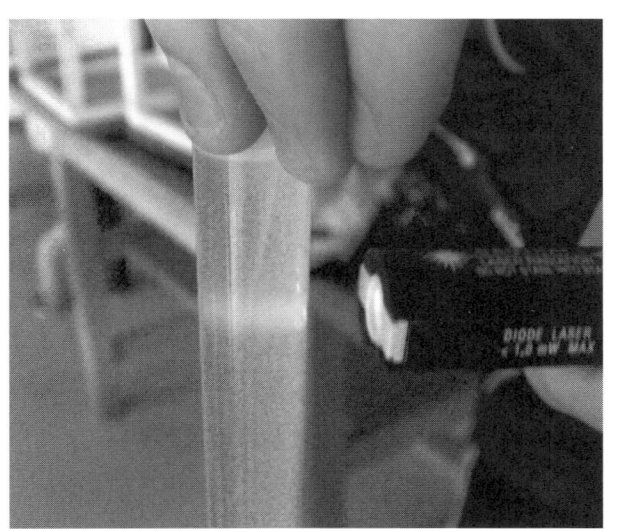

スキムミルクの溶液ではチンダル現象がはっきり見える

実践事例：5学年「ものの溶け方」の実践 | 93

食塩水ではチンダル現象は見られなかった。

てみた。結果は、どれもスキムミルク溶液と同じように赤い線が見えた。

そして、最後に食塩でも実験してみた。子どもたちの予想では、Aの「粒」説があっているなら、赤い線が見えるはずだし、Bの「水と一体化」説があっているなら、赤い線が見えないはずである。子どもたちはわくわくさせながらビーカーに注目した。ところが、多くの子どもの意に反して、写真のようにレーザー光線の赤い線は全く見えなかったのである。B説の子どもたちは大いに喜んだが、A説の子どもたちはがっかりし、納得がいかないという表情である。そして、レーザー光線の線が見えないことの理由を考え始めた。それだけ、食塩は粒になって水の中にあるという自分の考えに自信を持っていたということでもある。

⑥食塩水をセロハンに通し、食塩水が通るかどうか観察する

食塩は粒になって溶けていると考えたA説の子どもたちは、諦め切れずに「食塩の粒がとても小さいから、レーザーの光で確かめられないのかもしれない。もっと細かいものでもぶつかって光るものがあればいいのに・・・」と残念そうに言った。その言葉を待っていたように、「ないこともないけど使ってみる？」と問いかけた。子どもたちは「エッ！」と驚き、「やってみたい」目を輝かせて答えた。

そこで、「セロハン」とペットボトルで作った下の写真のような実験装置を見せた。上のペットボトルにはそれぞれスキンミルク溶液と食塩水を入れ、ボトルの口にはセロハンを張ってある。そして、下のペットボトルには上のペットボトルの口が隠れる程度に水を入れておく。実はセロハンには30億〜40億分の1mほどの小さな穴が開いているが、コロイド溶液の粒子は直径1000万分の1〜10億分の1mなので、ろ紙は通るがセロハン紙を通ることはできない。一方、水に溶ける水溶液の粒子の大きさは、1nm（n＝ナノは10億分の1を表す）〜0.1nm（100億分の1m）と小さいので、セロハ

セロハンで仕切り、上に水溶液を入れ次の日まで置いた。次の日に下の水に変化が…。

ンの穴を通るものもある。無論、分子の大きさの単位は子どもには分かりにくいので、「セロハンにもごく小さな穴が開いているので、小さな粒は通すが、大きな粒は通さない」という概略だけを知らせた。

　そして、早速この装置で実験してみた。セロハンを張ったペットボトルに食塩水とスキムミルク溶液を入れ、下のペットボトルに乗せた。子どもたちはじっと眺めたが、すぐには変化がなく、食塩水やスキムミルクが下の水にしみこんでいく様子は感じられない。子どもたちは、「もし食塩の粒が下の水にしみこんでいくなら、どんなふうに見えるのだろう」と、期待感いっぱいで見つめていたが、ここでチャイムが鳴ったので本時は一応終了した。しかし、子どもたちは次の理科の時間まで待ちきれず、昼休みに確認しにきた。スキムミルクの方は全く変化がない。スキムミルクは白いので、もしセロハンを通るなら下の水が白くなってすぐ分かるはずだ。食塩水の方も見た目は変化がない。しかし、下の水をなめてみると少ししょっぱい。「本当に？」と、代わる代わるなめてみては、「しょっぱい」と叫んだ。下のペットボトルをよくよく見ると、セロハンからもやもやしたものが出ているではないか。セロハンから食塩の粒が出てきていることを実感した。子どもたちは「食塩の粒だけがセロハンを通った。食塩の粒はセロハンを通るほど小さい。やっぱりドルトンの考えは正しい！」と喜んだ。

　⑦結果を考察する

　本時のまとめとして、今日の学習のまとめを自由に書かせたところ、ほとんどの子どもが、「透明になるものと透明にならないものがあるのは、溶けたときの粒の大きさが違うからではないか」などのように、溶けることと粒子の大きさとの関係を記述していた。ある子どものノートには、「本当に粒子説の考えが正しいのか、いつか必ず顕微鏡のようなもので この目で見て確かめてみたい」と、書かれていた。

　本学習では、自分のイメージを目で直接確かめることはできないわけだが、レーザーポインターによるチンダル現象の観察や、セロハンを使った実験により、食塩などの溶質が水の中に小さな粒として存在していることを「溶けている」と表現することを心から納得した。そして、まず自分の「仮説」を立て、様々な実験や観察を通してそれに確信をもったりイメージを修正したりしていく科学の楽しさを味わった。

5 本実践を振り返って

①本時の評価

　評価規準に照らして本時を振り返ると、「①透明になるものと透明にならないもののイメージ図を書いて、説明することができる」については、全員が透明にならないものは粒の状態であると考えていた。透明になるものでも「粒子」として考えた子どもは３分の１、液体に同化

したと考えた子どもが3分の1であった。しかし、残りの3分の1の子どもは、イメージをうまく図にまとめることができなかった。そのため、グループ内での情報交換の場が必要であった。グループ内の話し合いを通して、ほぼ全員がA説、もしくはB説のイメージを持ち、図に書き表すことができた。また、どちらのイメージが正しいのかを確かめるために、完全な水溶液とコロイド溶液をレーザーポインターを当てて比較したり、セロハンを使って食塩の粒子を透過させたりする実験を通して、子どもたちは「粒子」という考え方にほとんど抵抗がなくなったのではないかと考えている。

②本単元の提案

ア．コロイドを扱うことで「溶ける」ということが分かる

今も昔も理科の学習指導要領では「コロイド」を扱っていない。教科書でも食塩やミョウバン、ホウ酸など溶けると透明になるものしか扱っていない。しかし、子どもたちは実生活の中で、コーヒーや紅茶や緑茶、コーヒーシュガーや入浴剤や洗剤など、コロイド状のものは数多く目にしている。「粒が見えなくなる」「全体に均一に広がる」ことから、コロイド溶液でも「溶けている」という概念を持っている子どもは多い。この概念は、なかなか覆すことが難しい。

一方で、小学校の理科では粒子についての扱いが軽く、中学校で突然「物質が水に溶けると、大変小さなイオンや分子として溶液中にばらばらに散らばる」と教わる。コロイド溶液やチンダル現象についても、その原理を原理として扱い、子どもの探究の結果として知識になっていく姿からは遠い。

以上のことから、「溶ける」とはどういうことなのか、小学校時代にじっくり考えることは価値ある学習活動と考える。ところが、「溶ける」の本質に迫ることは自分の目で直接確かめられないだけに非常に難しい。だからこそ、小学校でこのことが扱われなかったのだろう。しかし、直接見えなくても分かることはある。「明らかに溶けているもの」、「明らかに溶けていないもの」に加えて、「溶けているか溶けていないのか紛らわしいもの（コロイド溶液）」の3種類の溶液を、レーザー光線やセロハンという第三者を介して比較・検討すれば、「溶けているもの」と「溶けていないもの」の違いが見えてくるのである。小学校段階であえて「コロイド」を扱う意味はここにある。本学習においては、「コロイド溶液」を扱うことで、子どもは「溶ける」の概念をしっかりもつことができたと評価している。

イ．「イメージ図」の継続が子どもたちの概念を変える

この単元を通してイメージ図を描かせてきた。そのことによって、子どもたちは「粒子」という概念を記録し、表現できるようになった。また、「粒子」という概念で考えると、説明しやすいことがたくさんあるのである。例えば、いったん溶けたものが析出してくる現象などは、考えようによっては「消えたものが出てくる」ことで、無から有が生じる矛盾なのだが、「粒子」として存在していたと考えると何も難しいことはない。本単元に限らず、イメージ図をどんどん描かせるようにしたいものである。このことには、慣れもまた必要である。子ども

の立場からしても、自分の考え（概念）の実態が捉えやすいばかりでなく、他との共通点や差異点が分かりやすく、さらに何回か継続することによって自分の考えの変遷なども分かるので、自分の成長を写す鏡ともなるのである。

③子どもの感想

単元終了後に子どもたちに感想文を書いてもらった。次がその結果だが、科学史を導入した部分に関する記述がたくさんあった。このことから、科学者に対する印象がすごく強かったことが推測できる。

- 私はアクリルパイプで食塩が溶ける様子を観察したとき、食塩の粒が少しずつ小さくなっていく様子を観察したことがとても面白かった。食塩の粒が角から小さくなっていくのを虫眼鏡で観察したので、「水の中では小さな粒になっているんじゃないかな」と思っていた。勉強が進むにしたがって、粒のようになっているんだと自信が出てきた。昔の科学者もこうして観察して私たちみたいに考えたのかと思うと、なんだか科学者も自分たちと同じように思えてきてうれしかった。
- ぼくは、色がつくものも色がつかないものも同じように「溶けた」と思っていたけど、レーザー光線でチンダル現象を見たとき、「これは粒がまだ残っているのかもしれない。だから、溶けていないもかもしれない」と何となく思った。そして、セロハンの実験で、食塩だけが下に移動したのを見て、食塩は粒がすごく小さくなっていると思った。スキムミルクは、ぼくが思っていた通り、粒が大きいので溶けていないのだと思った。食塩もスキムミルクも水の中では見えないけど、こんな見えないものを想像していろいろ考えた科学者はすごくえらいと思った。
- ぼくは、始め、食塩が溶けると透明になるのは水みたいに液体になって水と交じり合うのだと思っていた。しかし、セロハンを使った実験で、水は通らないセロハンを食塩が通って下の水に移動したのを見て、食塩は水より小さな粒になっているかもしれないと思った。そんな考えを昔の科学者もしていたと聞いてすごく驚いた。なんか自分も科学者になったような気分がした。
- 最後に飽和状態まで食塩を溶かした水溶液にミョウバンを溶かしてみた。私は絶対溶けないだろうと思っていたけど、たくさん溶けたのに驚いた。私は、食塩が限界まで溶けても水の粒の間には隙間があって、そこにミョウバンの粒が入るのではないかと予想した。私が描いたモデル図があっているか、中学校や高校で確かめてみたいと思った。

これらの感想を見ると、子どもたちは、「溶ける」という現象を粒子概念で考えることにほとんど抵抗がなくなってきていることが分かる。科学者（ドルトン）の考えを聞いて、自分の粒子のイメージに自信を持っている子も見られた。粒子概念に従って現象を解釈すると、うまく説明できることにも気付いたようである。早く自分の目で粒子（本当は原子・分子なのだが）を見てみたいと好奇心をもち、未来（中学校、高校）の理科学習を楽しみにしている子どもも

いる。
　これらのことから、科学史を取り入れることが子どもの思考を深める上でいかに有効か、また、科学への好奇心を高める上でいかに効果的か、自ずから分かるというものである。

④ 本実践の課題

・「コロイド」を扱うこと、溶質が溶けているイメージを図で表現することが本単元の提案であり、また課題でもある。なにぶん、コロイドにしても、分子のイメージにしても自分の目で実際に確かめることができないので、思考実験という頭の中の作業が中心とならざるを得ない。レーザー光線やセロハンという仲介物を通して、子どもはそれなりに納得したが、レーザーにしてもセロハンにしても教師が持ち出すほか方法はなく、かなり教師が主導する問題解決となった。もっと子どもが考え出した手立てで検証できれば、子どもの実感はさらに深まるに違いない。この点について、もっと有効な教材ややり方はないものか、これからも考えていく必要がある。また、コロイド溶液を扱うと子どもの関心はコロイドに向きがちであった。コロイド溶液は、あくまでも粒子概念に導くための補助教材という立場を忘れないようにする必要がある。

・自分のイメージを図にする学習活動は、子どもにイメージを持たせ膨らませるのに、非常な有効な手段であることは確かである。しかし、本単元でも、子どもが明らかにイメージ図を描きにくい場面があった。それは、ミョウバン（砂糖、ホウ酸でもよい）が、水温が高くなるにつれてたくさん溶けていく現象を説明するときである。このことを粒子概念で表すことはなかなか難しい。「溶けている」ということ自体が、子どものイメージとしては十分に小さい粒のイメージなので、それ以上に小さくなることにはなかなか考えが及ばないのである。イメージ図を継続して扱うのはいいが、決して万能ではないということにも留意しなければならない。

（松山　勉）

参考文献

「子どもを理科好きにする科学偉人伝60話」　菅谷　正美監修・山口　晃弘編著　学事出版
「発展コラム式中学理科の教科書　第1分野　物理・化学」　滝川　洋二編　講談社
「ダンネマン大自然科学史　第7巻」　安田　徳太郎訳・編　三省堂
おもしろ理科こばなし　宮内　主斗編著　星の環会

実践事例 5学年 ④

「電流の働き（電磁石）」の実践

1 単元の目標と内容と問題点

本単元は、学習指導要領「A 物質・エネルギー」の（3）の学習内容である。

> 電磁石の導線に電流を流し、電磁石の強さの変化を調べ、電流の働きについての考えをもつことができるようにする。
> ア 電流の流れているコイルは、鉄心を磁化する働きがあり、電流の向きが変わると、電磁石の極が変わること。
> イ 電磁石の強さは、電流の強さや導線の巻数によって変わること。

本単元では、第4学年「A(3)電気の働き」における「電流から光へ、日光から電流へ」というエネルギーの変換と保存に関する学習に引き続き、「電流の磁化作用」というさらなる「エネルギーの変換と保存」に関する学習を進める。そして、第6学年「A(4)電気の利用」における「発電、電流と発熱」の学習に直接つながっていく。「電流とエネルギー」をキーワードに内容が系統的に連続している。具体的には、電磁石に電流を流したときの電磁石の強さや極の変化に興味・関心をもって追究するが、5学年の目標には、「条件に目を向けたり、量的変化や時間的変化に着目したりする」があり、それらを十分意識しながら、問題を見い出したり、見出した問題を計画的に追究したりして物の変化の規則性に気付くことが求められている。さらに、「電流の働きについての考えをもつ」ということは、電流には磁化する力があること、その力は導線をコイル状にしたときに最も強くなること、電流の方向と磁力の極には規則性があることなどに気付くことである。本単元の学習を通して、磁力に変換する電流の不思議な力に驚かせ感動させたいと考えている。

ア．問題点①：電磁石の性質の確かめに終始する学習になっている

本単元を支えるのは、「電流が流れる導線の周りには磁力が発生する」という科学概念である。しかし、一般的に本単元は「電磁石の性質」の確かめに重点を置いた実践が多い。子どもに驚きをもたせるために、強力な電磁石を紹介したり、魚釣りゲーム用の強力な電磁石を作っ

たりするような導入が多く行われている。確かに子どもにとって電磁石は興味深いものなので、「強い電磁石を作ろう」という目的は子どもを本気にさせる。しかし、その学習の行き着くところは、「電流を強くすると電磁石の力が強くなる」、「巻き数を増やすと電磁石の力が強くなる」という「〜すれば、〜なる」式の事実そのままの規則性の発見であって、どうしてそういうことが起こるのかという本質的な子どもの疑問の解決ではないのである。その結果、コイルや導線そのものが磁石になるという誤った考えをもったり、なぜコイルの中の鉄心が磁石になるのかという疑問をもったまま単元は終了したりする。やはり、1本の導線の磁力という本質的な問題について考えなければ、子どもの発想力を鍛え、物事を深く考える力を高めることはできないのではないだろうか。

イ．問題点②：人類の歴史を変えた科学史を扱わなくてもいいのか？

「導線に電流が流れると、周りに磁力を生じる」という驚くべき発見。それは、それまで全く別の物と考えられていた「電流」と「磁力」とが結び付いた決定的な瞬間であった。エールステッドは、この現象を偶然見つけた時、どうしてそういうことが起こるのか解明できなかったが、その後科学者たちによっていろいろな実験が行われ、様々な考えの交流もあって電磁場という新しい科学概念を生み、人類の大きな財産として定着した。そして、さらに大きな発展を遂げ、現在の豊かな人間生活の構築につながっている。「電流の磁化作用」の発見は、人類にとって大きなターニングポイントであったのだ。しかし、こうした科学史が、これまで授業の中であまり扱われることがなかったことも確かである。では、それらは、いつ頃、誰によって、どのように発見されたのだろうか。

本単元は、この偉大な発見に至る過程を追体験させることによって、子どもを科学の不思議さや面白さに感動させ、科学に対する興味・関心を高めていく絶好の機会だと考えている。そのため、エールステッドと全く同じ現象を単元の導入場面で体験させ、どうしてそういうことが起こるのかを考えさせたい。それが最もスムーズな問題解決の流れだと考えるからである。エールステッドの現象とは、1本の導線に電流を流すと、すぐそばに置いた方位磁針が動くという現象（1820年にエールステッドが偶然発見した現象）である。1本の導線の周りに働く力についてエールステッドと同じように疑問を感じさせ、どうしたらもっと大きく磁針を揺らすことができるか自由に試行活動をする中で、1本よりも2本、2本よりも3本と、導線を集めると磁針の振れ幅が大きくなることや、2本にしてもそれぞれの電流の方向が逆だと全く振れないことから、導線1本1本に一定方向に磁針を動かす力が働いていることに気付かせたい。さらに、アンペールなどの考えや実験を追試させるならば、導線の磁石を動かす力を最も強力

にしたのが電磁石のようなコイル型であることに大いに納得するのではないかと考えている。つまり、始めに電磁石があるのではなく、1本の導線の周りに働く磁力をより強くする過程で電磁石が考え出されたという科学史の歩みに、子どもの「分かり」の過程を同化させるのである。「電流の磁化作用」という奇跡を発見したとき、当時の科学者はどれだけ驚き喜んだかしれない。それを子どもにも味わわせることができれば、子どもの科学に対する思いは大きく変わるに違いないのである。そのためにも、「どうして磁針は動くのか？」や「磁針を動かす力の正体は？」を、単元の冒頭で扱いたいと考えている。

2 本単元に関係する科学史

●ハンス・クリスチャン・エールステッド（デンマーク）

1820年、デンマークのコペンハーゲン大学に所属していたハンス・クリスチャン・エールステッド教授は、友人や学生のために、電流による導線の加熱の実験を自宅で行っていた。その時偶然、電流を流すたびに近くに置いてあった台付き方位磁針が動くことに気付いた。その後、数ヶ月間、エールステッドはこの新しい現象を理解しようと努力を続けるが、答えは得られなかった。このままだと、世紀の大発見はエールステッドの胸にしまわれて終わるところだったが、彼はこの発見を説明なしで発表し、世間に知らせた。つまり、エールステッドは電流の磁気作用を現象として発見したのみで、その仕組みまでは考えるに至らなかったのである。その後、その報告に触発され、アンペールやファラデーが研究を発展させていった。

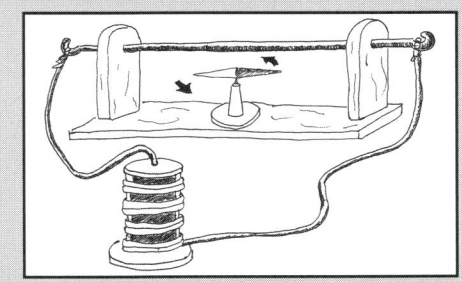

●アンドレ＝マリー・アンペール（フランス）

1本の導線に流れる電流が方位磁針に磁力を及ぼしているのなら、そのような2本の導線も磁気的に相互作用をするはずだと考え、実験を重ねた。その結果、同じ方向に流れる2本の電流の間には引き付け合う力が、逆に反対方向に流れる電流の間には反発し合う力が働くという根本的な原理を発見

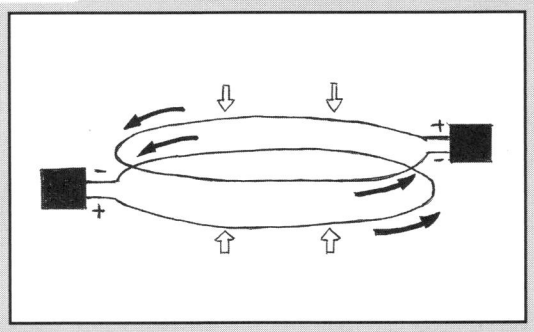

（1820年）した。いわゆる「アンペールの法則」や「右ねじの法則」と呼ばれるものである。アンペールは、電磁気学の基礎作りに大きく貢献をした。ちなみに、電流の実用単位"アンペア（A）"は、彼の名前の英語読みにちなんでいる。

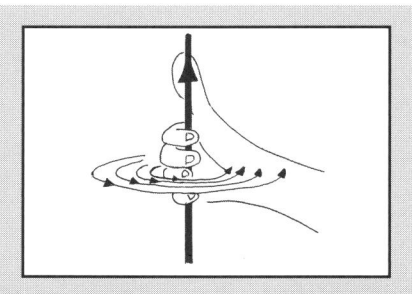

●ウィリアム・スタージョン（イギリス）

アンペールの発明したソレノイド（円筒コイル）について実験をしていて、偶然に電磁石を発見した。18回針金を巻いたソレノイドの中に鉄の棒を入れたところ、鉄心が磁場を強めることに気付いた。さらに鉄心を絶縁したところ、装置の12倍に相当する4kgの重さを持ち上げられた。電磁石の誕生である。"電磁石（electromagnet）"と命名したのはスタージョンである。ちなみに、彼は科学者ではなく靴屋さんであり、独学で数学や物理学を学んでいた。

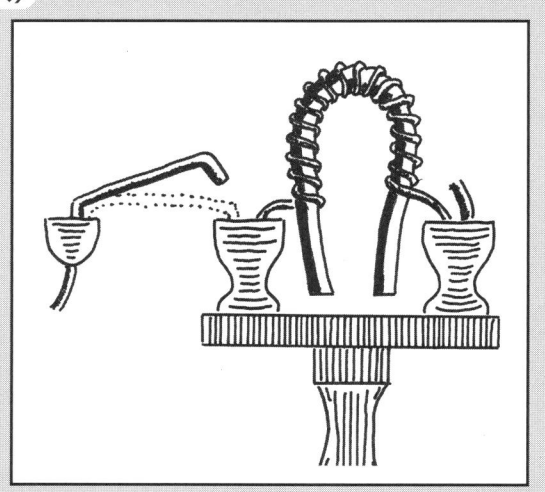

●ジョセフ・ヘンリー（アメリカ）

スタージョンの発明した電磁石に、導線自体を絶縁し、コイルにした時にショートしないように改良を加えてさらに強力にした。ちなみに、絶縁のために導線に巻き付けたのは、彼の奥さんのスカートを裂いて作った生地という説がある。こうしてヘンリーは約340kgの物を持ち上げることに成功した。さらに、彼はファラデーとは別に、ほぼ同時期に電磁誘導の原理を発見している。しかし、発表が遅れたため「電磁誘導を発見したのはファラデー」とされている。

3 本単元で科学史を活用することの意味

(1) 電流の磁化作用という科学概念の確立に導く

これまでは、科学者とは子どもたちにとってはまだ遠い存在であったろう。白衣を着て、難

しい顔をして、フラスコや試験管を片手に考え込んでいるというイメージであろう。また、科学者が行う実験や研究も同様で、最先端の機器を使い高度な技術を駆使して行われていると思い込んでいる。もちろん、最新の研究ではそういうこともあるだろうが、かつての科学者の実験や研究は決してそういうものばかりではない。科学者でさえも間違って考えたり失敗したりすることが多々あった。分からないことも多かったのである。また、実験にいたっては、現在、小学校の理科室に普通に置かれている器具で再現できるものも多い。大切なことは、そうした先人たちの努力や失敗の中から次々と偉大なる発見や発明が生まれ、現在の科学が成り立っているという事実である。本単元でも、「エールステッドは、導線の周りに発生する磁力を発見はしたけれど、それをうまく説明するまではいかなかった」というエピソードを紹介することで、エールステッドにも解決できなかったことに挑戦する自分に意欲を燃やしたり、科学者でも分からないことがあるのかと身近に感じたりする子どもが出てくるものと考える。また、「200年前の科学者と同じ実験をする」ことで、科学を身近に感じる子も現れるに違いない。さらに、「導線に働く力をどうしたら強くすることができるだろう？」、「いったいどんな力が働いているのだろう？」という本単元の本質に迫る問題意識をもたせることができると考えている。科学史を活用することによって問題を強く意識させ、電流の磁化作用という本単元の本質となる科学概念を子ども自身の力で確立させたいと考えている。

(2) 電磁石の発明に至る科学史に共感させる

電流と磁力に関する決まりについて、人類はどのような順序で発見していったのだろう。電流と磁力に関する科学史は、人類の思考の履歴でもある。つまり、何か特別なことがなければ、子どもの問題解決の流れはごく自然に科学史に沿ったものになるのではないかと考える。したがって、単元の指導計画をそれに合わせて構想すれば、子どもの思考もスムーズになるはずである。

実は、ガルヴァーニによる動物電気の発見が1780年、ボルタによる電池の発明が1800年で、人類は本格的に電気を手にした。しかし、その後もしばらくは、電流と磁力の関係については誰も気付かなかったのだが、1820年になってようやく気付いたのはエールステッドであった。今からわずか200年前のことである。残念ながらエールステッドはこの現象の本質を解明できなかったのだが、この事実を広く発表したことで当時の科学者が大注目し、アンペールやファラデーなどの偉大な発見や発明が続いた。電磁石やモーター、そして、発電に関する仕組みなど、現在の先端の科学技術の基礎は全てこのエールステッドの発見に始まる。そうした人類の発明・発見の流れに共感することで、科学への関心を一気に高める。そのためにも、いきなり電磁石を与えるのではなく、電磁石の発明にいたる過程を追体験させることを大切にしたいと考えている。子どもたちの思考の流れをスムーズにしたりするという意味でも科学史を活用することに意義があるのではないだろうか。

4 授業の実際

(1) 本時の目標
電流の流れている導線の近くの方位磁針が振れる現象に興味を持ち、電流の向きに注目して、方位磁針を大きく動かす方法を考えることができる。

(2) 評価規準
①電流の流れている導線の周りに働く力に興味を持ち、実験に取り組んでいる。
　　　　　　　　　　　　　　　　　　　　　　　　　　　　（自然事象への関心・意欲・態度）
②電流の方向に注目し、方位磁針を大きく動かすためには導線を集めればいいことに気付いている。
　　　　　　　　　　　　　　　　　　　　　　　　　　　　（科学的な思考・表現）

(3) 授業展開
①回路が成り立つ時の条件を想起する

　本学習の前提として、①一つの輪になった（ショート）回路には電流が流れていること、②方位磁針は磁力によって動くこと、③電流は＋から－に流れていることについての理解がなされていることがある。そこで、まず、3年の「明かりをつけよう」の学習を思い出させ、回路が成立する時の条件の確認をした。「3年生の時の勉強を思い出して下さい。どんな時、導線に電流が流れ、豆電球がつきましたか？」と質問した。すると、「電池につないだ回路が輪になった時、豆電球がついた」、「電流の通り道を1つの輪にすれば、豆電球はついた」、「＋から－へ1本の道になっていると電流が流れる」という反応がすぐに返ってきた。「回路が1つの輪になって豆電球がついている時は、導線に電流が流れているんだね。じゃあ、電球がなかったらどうなるの？」とショート回路を示し「電流は流れているかな」と質問した。すると、「それも、1つの輪になっているので電流は流れています」、「危ないつなぎ方だと注意されました」と、前の学習をしっかりと踏まえた答えが返ってきた。全員、3年生のときの学習の様子を思い出し、納得した。台付き方位磁針については、前時に方位磁針の一種であることを教え、教卓のわきに置いておいた。

②エールステッドの実験を演示する

　「今日はみなさんに200年前の大学生になってもらいます。場所は、デンマーク。先生の名前はエールステッドです。エールステッド先生は、ショート回路に電流を流して実験をしていました。では、（さりげなく台付き磁針のそばに導線を持っていく）スイッチ・オン」。その瞬間、「…あれっ？動いた？」。ショート回路に何かが起きるのではないかと視線を集めていた子どもたちだが、すぐそばの方位磁針がわずかに動いたのを見逃さなかった。予期しなかった事象に対する「あれっ」という驚きは、200年前のエールステッドとおそらく同じだろう。「ええっ、ほんと？じゃあ、もう一回やってみるよ」と、もう一度ショート回路に電流を流した。やっぱ

り台付き方位磁針は20～30度ぐらい傾いた。「やっぱり、オンにすると動くよ」。子どもたちの興味は、ショート回路と台付き磁針の動きにどんな関係があるのかに向かっていった。

③自由な試行活動を通して児童の疑問を学習問題に昇華させる

「自分でもやってみたい」という子どもたちの声を受け、自由な試行活動の場を設けた。子どもたちは２人組になって活動を始めた。「やっぱり、方位磁針は動くぞ。どうしてかな？」、「方位磁針が動くということは…？」、「あれ、うまく動かない時もあるぞ。もっと大きく動かないかな」など、いろいろなつぶやきが聞こえてきた。

そこで、次に何をしたいか、どんな問題を解決したいか尋ねた。すると、「なぜ、動くのか？」という疑問の解決よりも、「もっと磁針を大きく動かしたい」という活動を発展させる声の方が多かった。磁針の置き方や導線の近づけ方によって磁針の動きが違うというのだ。なぜそうなるのか分からないので、もっといろいろ試してみたいというのである。演示実験では、導線を磁針と平行に近づけていたため比較的大きく動いたのだが、子どもたちのやり方では思ったように動かないことも多かった。その結果、「なぜ動かないのか」→「もっと動かしたい」という意識の高まりになったのだ。こうして、自由な試行活動はさらに続いた。ただし、ここでは電池を増やしたり導線を増やしたりする方法は取り入れず、自分たちの実験セットだけで行うことを約束しての活動であった。

「もっと磁針を大きく動かしたい」という目的意識での自由な試行活動は、多様にして発展的であった。電池を逆にすると磁針が逆に動くことを見つけた子がいた。また、やみくもに導線を磁針の台に巻きつける子もいた。もしかしたら、エールステッドやアンペールもこの子どもたちと同じように試行錯誤したのかもしれない。そうしているうちに、「１本の導線でも動くのだから、導線を２本、３本と増やせばいいのではないか」、「導線をもっとたくさん集める工夫をすればいいのではないか」という考えが出てきた。導線を折り返して複数本にする子

（A）もいれば、くしゃくしゃに丸める子（B）もいる。しかし、期待したほどには動かない。というよりほとんど動かなくなった。「導線を集めたのに動かないなんて…」、子どもたちの疑問は、さらに深まっていった。そのうち、大きな発想の転換をする子が出てきた。導線を乾電池に巻いてコイルを作り、磁針に近付けたのだ（C）。このやり方では、磁針が大きく動いた。コイルを巧みに操作し、磁針をぐるぐる回転させる子も出てきた。「おおっ、ぐるぐる回ったよ」、得意げな声とともに、このやり方はすぐ近くの子どもたちに広がった。

　ここで、それぞれの活動の結果を発表させ、整理してみた。

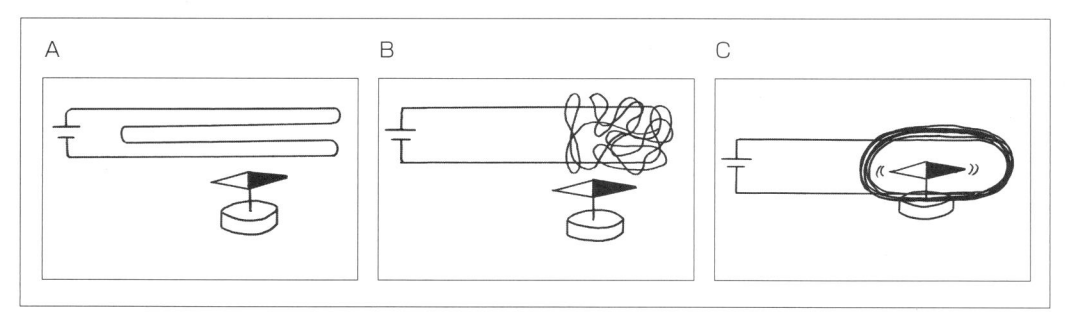

- Aでは、導線を（偶数本）折り曲げて集めたけど、動かなくなってしまった。
- Bでは、くしゃくしゃに丸めてたくさん集めたけど、全然動かなかった。
- Cでは、導線をぐるぐる巻いて輪を作ったら、前より磁針が大きく動いた。磁針に上手に近付けたり離したりすると、磁針がくるくると回るほどになった。（ただし、導線の輪があまりにも小さいと動きが悪い。）

　どれも導線を集めるやり方だが、動き方には大きな差がある。子どもたちは何が原因なのかうまく表現できず不満そうな様子だったが、「導線を近付ければ方位磁針は動くはずなのに、たくさん導線を集めても動かないやり方があるのが不思議なの？」と尋ねると、その通りだと言う。そこで、

　　導線を巻いて集めるのと折り曲げて集めるのとでは、どこがちがうのだろう？

　という子どもたちの疑問をそのまま学習問題に決めた。

④電流の方向に着目させ、考察する

　だが、この問題の解決は難しかった。なぜなら、子どもたちには、まだ電流の方向に注目して考える学習経験がないからである。エールステッドも同じ問題で思考が停止し、事実の報告だけで終わったわけである。この場面では、電流の方向に着目したアンペールのような発想の転換が必要なのである。問題解決には先行経験が重要な役割を果たすのだが、それがないとしたら与えるしかない。そこで、３つのケースの図を板書し、「これまでの電気の学習で、何か使えることはないかな？」と電流の方向を意識させ、「３種類の導線の集め方の何が違うの？」と、導線の本数を整理させた。すると、「電流の方向が関係しているのかな」という意見が出た。そこで、電流の流れる方向を矢印にして、それぞれの図に書き加えていった。すると、

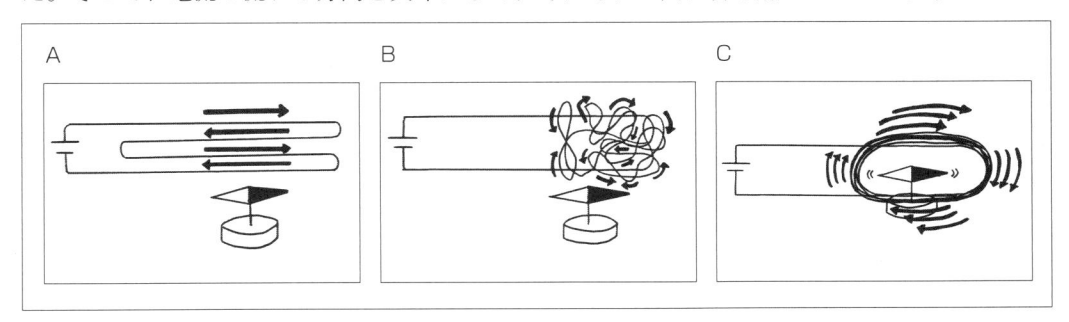

「折り返した時は、矢印が行ったり来たりになる」
「くしゃくしゃに集めると、電流の方向があっちこっちに行っている」
「電流の流れる方向が同じになると、矢印も同じ向きに集まるから大きく動くのかな」と、自然に電流の向きに着目するようになった。ほかに考えられる要素がない以上、そう考えるしかない。そこで、さらに、集まった導線の数が奇数と偶数の時について考えさせてみた。

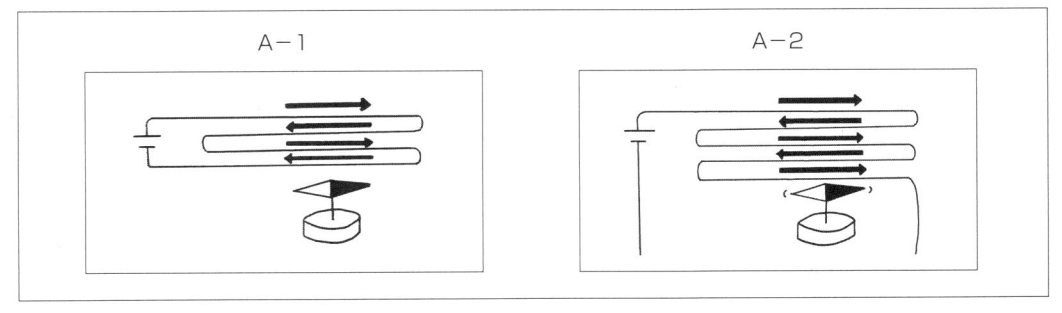

「偶数の時（A−1）は、右向きと左向きが同じ数ずつだから打ち消し合って、動かなかったんだ」
「奇数の時（A−2）は、右向きと左向きの矢印が打ち消し合うけど、結局一つ分が残るから、少しだけ動いたんだ」
「電流の流れる方向と磁針を動かす力は何か関係があるんだ」
と、電流の方向とそこに働く力とを関係づけて考えるようになった。

⑤分かったことや感想をまとめる

　話し合いの末、「導線を巻いて集めるのと折り曲げて集めるのとでは、電流の流れる方向の足し算と引き算になる。磁針を大きく動かすには、足し算になるように電流の向きが同じ方向なるように導線を巻けばいい」という結論になった。

　おしまいに、「エールステッドは、電流が流れる導線を近付けると方位磁針は動くということを発見したけれど、なぜ動くのかということは解明できませんでした。でも、その報告をアンペールやファラデーという科学者たちが見て、その後、大きな発見をしていきました。今日は、皆さんは、200年前のエールステッドと同じようなことを体験したのですね」と話し、授業を終えた。

　子どもたちは、次のような感想を述べていた。

- 方位磁針を大きく動かすには、電流の流れる方向を同じにしてたくさん集めればいいと分かってすっきりした。
- 昔の科学者と同じようなことを考えたり体験したりできたのは面白いなあ。
- 大学生になった気分で実験したのが面白かった。
- 200年前の科学者の実験をしたぼくたちはすごい。今度も、別な科学者に挑戦してみたい。
- エールステッドさんより早く生まれていれば、先にいろいろ発見できたかもしれないな。
- エールステッドさんは分からなかったみたいだけど、方位磁針が動いたんだから、僕は、磁石の力が関係しているような気がする。
- 電流の方向が大きく関係しているってことは、電流が方位磁針に何かしたんじゃないかなと思う。
- もっとたくさん導線を巻いたら、どんなふうに方位磁針は動くんだろう。
- 全部は分からなくても、分かった所まででも発表するって大事なんだなと思った。
- 一つの発見からいろんなことが分かってくるのが分かった。
- いっぱい頭を使って難しかったけれど、面白かった。

5 本実践を振り返って

①本時の評価

　評価規準に照らして考えてみると、「①電流の流れている導線の周りに働く力に興味を持ち、実験に取り組んでいる」については、全ての子が達成していたと考えられる。ペアになり、方位磁針を大きく動かそうと全員がいろいろな方を工夫して実験に取り組んでいたからである。ただし、その原動力が導線の周り働く力に興味を持ったからなのか、単に磁針が動くのが面白かっただけなのか、その判断は難しい。

　また、「②電流の方向に注目し、方位磁針を大きく動かすためには導線を集めればいいことに気付いている」については、自由な試行活動の場面と考察の場面で評価した。始めの「自由な試行活動の場面」では、電流の向きをしっかり考えて活動している子はほとんどいなかったようである。乾電池を逆にすると振れ方が逆になることを発見した子もいたが、結局は電流の方向まで意識しての活動とは言えないようである。しかし、「考察の場面」では、電流の方向と関係付けて分かったことを整理していたので、子どもの視点は完全に電流の向きに焦点化されていたと言える。そのことは、授業のまとめを書いたノートやワークシートから判断できる。今後は、子どもたちの自由で主体的な話し合いの中で、そういう趣旨の発言が飛び交うように、授業を構成していく必要がある。

②本単元の提案

ア．エールステッドの実験について

　本単元の基本概念は、学習指導要領にもあるように、「電流の流れているコイルは、鉄心を磁化する働きがある」という電流の働きについての考えをもつことだが、実際には、コイルは磁界を作り、その磁界の影響で鉄心が磁化するのである。まず電磁石ありきという学習では、コイルの作る磁界の影響がほとんど問題にならないため、本当の意味で電磁石を理解したことにはならない。人類はまず1本の導線が作る磁界から始まって電磁石の発明まで到達したのだから、子どもの「分かり」もそれに合わせて展開しようというのが本単元の提案である。科学史を単元展開の構想に生かし、導入として活用する典型的な事例である。

イ．電流の流れる方向について考える

　エールステッドは、磁針が動くことは発見できたが電流との関連については説明できなかった。それは、もしかしたら電流の方向を意識していなかったからかもしれない。もし、そうだとしたら、5年生の子どもたちも同じである。コイルの巻き数を増やすと電磁石は強くなる、電流を強くすると電磁石は強くなるという知識は簡単に得られるが、そのもととなる目に見えない電流が導線を流れると磁力を発生するという科学概念は簡単なものではない。しかし、子どもが「電流の流れる方向」という視点に気付くと、電流が同じ方向に流れるように導線を集めると磁力が大きく働くことの説明ができるようになる。キーポイントは「電流の方向」なのである。乾電池を逆にした時に磁針の動き方が逆になることを取り上げて考えさせる方法もある。子どもにいかにして電流の方向に注目させるかという課題が残るものの、電流の方向による導線の足し算と引き算（打ち消し合い）は、5年生の子どもにも十分解決が可能な問題だと感じている。

　③子どもの感想

　授業後、次のような感想を述べた子どもがいた。「今日、自分たちが考えたことをエールステッドさんも考えたのかなあと思うと不思議な気分になった。エールステッドさんに会ってみたい」。偉大な先人に思いを馳せている。同じように、科学史に興味を持った子どもが大変多かったことが本学習の特色である。また、達成感や自己肯定感を味わい、困難に立ち向かうことに喜びを感じた子どもも多かった。子どもの感想は、総じて授業前に期待した通りであったと思う。

　理数教育の充実が叫ばれている昨今は、いかに知識を身に付けさせるかなど、学力を高めることに主眼が置かれ過ぎている。その結果、さらに「理科や科学は好きではない」という子どもを増やしてはいないだろうか。子どもたちの科学する力を高めてこそ日本の将来は明るいのである。「今日の理科は難しかったけど、楽しかった。将来、科学の世界で頑張ってみたくなった」など、明日につながる感想が多かったこともうれしいことであった。今後とも、科学史を活用することによって、子どもの可能性を引き出し、前述したような発言ができる子どもを増やしていきたいと思う。

　④本実践の課題

　本単元を何度か実践し、4点の課題を感じている。

　1点目は、限られた授業時数での実践のため、他単元の時数を圧迫しないよう配慮することである。単なる電磁石の性質調べと違って、このような本質的な問題解決は計算できない部分が多いので、指導時数が増える傾向にある。総時数の枠内に収めるために調整が必要だが、それでも実践する価値はある。

　2点目は、「方位磁針を大きく動かそう」という活動のめあての意識のずれである。単純に振れ幅を大きくするのとは違って、導線をあっちこっちに動かして磁針をぐるぐる回そうとす

る子どもが必ず出てくる。また逆に、導線をコイル状にして、「大きく動いたな」と指導者が思っていても、「ぐるぐる回るほどではないから」と自分たちのアイデアの意味を理解しないまま次の活動に移る子もいる。つまり、この時点では、導線の磁化作用と磁針の動きが関係付けられていないのである。そこで、磁針が動くことの意味について十分に共通理解をしてから活動に入る必要がある。

3点目は、素材の吟味である。エールステッドはボルタの電池（電堆）と針金（白金線）を使ったとされている。本実践では、単一の乾電池とエナメル線を用いた。エナメル線の太さについては、

・0.4mmは細くて扱いやすいが、磁針の最初の動きが緩慢である。
・1.0mmは動きが速いが、太すぎてコイルにしたり曲げたりしにくい。
・0.6mmで3mにすると、導線が熱くなり過ぎず、ほどよい。

ということが分かっている。しかし、もっと良い条件や素材があるかもしれない。さらなる教材研究が待たれる。

4点目は、教師力の向上である。本実践では、教師が科学史を学ぶことで、子どもの「分かり」のストーリーが見えてきた。エールステッドの実験をそのまま追体験させ、さらに自由に試行させれば、子どもにも電流の磁化作用という偉大な発見ができると判断したのである。その判断に誤りはなく、子どもは導線を集めれば磁力も強くなるという発想にたどり着いている。しかし、昔の科学者の思考の軌跡をたどる学習は、簡単なことではない。子どもの先行経験を整理し、思考の視点を整理してやるなどの教師の適切な助言が必要である。つまり、深い教材研究が必要ということである。

（久保　慶喜）

参考文献
「科学史年表」　小山慶太著　中公新書
「理科と数学の法則・定理集」　アントレックス
「科学の偉人伝」　自由国民社
「Rika　Tan」　文一総合出版

実践事例 6学年 ⑤

「水溶液の性質」の実践

1 単元の目標・内容と問題点

本単元は、学習指導要領「A　物質・エネルギー」の内容である。

> いろいろな水溶液を使い、その性質や金属を変化させる様子を調べ、水溶液の性質や働きについての考えを持つことができるようにする。
> 　ア　水溶液には、酸性、アルカリ性及び中性のものがあること。
> 　イ　水溶液には、気体が溶けているものがあること。
> 　ウ　水溶液には、金属を変化させるものがあること。

　本単元は、①水溶液の酸性・アルカリ性の問題、②溶質が気体の水溶液の問題、③化学変化の問題の、3つからなる。内容の順序性から言うと、まず水溶液の中には②のように気体が溶けている水溶液もあり、種類によっては金属を溶かす性質を持つものもあり、ものによって酸性やアルカリ性に分類されるという構成になっている。しかし、そのような立場で水溶液を統一的に見ることができるようになったのはつい最近のことである。人類の生活史の中では、**ア**の酸・アルカリの問題の酸については、酸っぱい味として紀元前から分かっていた。**ウ**の金属を溶かす性質についても、錬金術などに携わる科学者でなくても一般に知られていたようである。しかし、**イ**については、1770年のプリーストリの時代まで発見が遅れる。醸造所の隣に住んでいたプリーストリは酵母（アルコール発酵を営む菌類）が糖分をアルコールと固定空気（二酸化炭素）に分解すること（発酵）を発見し、固定空気で飽和させた水（炭酸水）を発明するまで、人類にとって未知のことであった。このように、3つの内容は人類の生活史の中では数千年にわたる出来事であり、多くの発見の積み重ねの成果である。

　そこで、本単元の本質について考えてみたい。本単元の内容は、身の回りには固体や気体が溶けている様々な水溶液があり、それらは金属を溶かしたり、酸性・アルカリ性の性質を示したりするということだが、その根本は「溶ける」とはどういうことなのかである。しかも、物質によって異なる性質を示すという不思議な現象に対して、どうしてそういうことが起こるのか、その水溶液の成分に着目して自分なりに解釈し納得することだと考える。そのことによって、5年の「ものの溶け方」の学習よりももっと深く「溶ける」という現象の本質に迫ることができる。決して簡単なことではないにしても、それぞれ何が酸性やアルカリ性を示している

のかその物質に対して子どもなりに何かしらのイメージを持つことは十分に可能なことであり、それができるような展開を工夫する必要がある。ところが、実際の指導においては次のような問題がある。

ア．問題点①：「水溶液は水に溶けることによって酸・アルカリの性質が生じる」ことが抜けている

ほとんどの実践において、酸・アルカリの分類や「その水溶液は何か？」という正体探しに学習活動が集中し、「物質が水に溶けることによってその水溶液は酸・アルカリの性質を持つことになる」という内容が抜けている。このことは重要な問題である。つまり、溶ける前の二酸化炭素や水酸化カルシウムはそれ自身だけでは酸性・アルカリ性の性質を示さず、水溶液になって初めてその性質を持つのである。このことに気付かせるためには、すでに溶けた水溶液だけを扱うのではなく、溶けて水溶液になることによって酸性・アルカリ性を示すという過程をしっかり見せる必要がある。その体験が生きて働けば、二酸化炭素や水酸化カルシウムそれ自体とは異なる水溶液中の別の何かが酸やアルカリの性質を示すというイメージを生む。このイメージを生むプロセスが本単元の醍醐味であり、子どもは「別の何かとはいったい何なの？」と思考をめぐらし、考え解釈する力を高めていくのである。

イ．問題点②：「水溶液の中の何が酸性やアルカリ性にしているのかな？」という子どもの意識をどう育てるか？

ところで、水溶液が酸性やアルカリ性を示すことに対して、「水溶液の何がそうさせているのかという水溶液の成分に対する意識」については、ほとんど扱われていない。一般的によく行われている、様々な水溶液を酸性・アルカリ性に分類する単純な授業にそれほど大きな意味があるとは思えない。ここでは、「酸性の水溶液には酸性を示す共通する何かがあるはず。それはいったい何？」と、子どもが問題意識を持って問い続けることこそが重要だと考える。その問いが単元を通してベースになければ、単なる分類作業であり、本単元の意味は半減する。理科教育の原点に立ち返って、自分の知識と感性をフル動員して現象を解釈しようとする探究の精神を育てることが大切なのである。

この問題を解決するために、本単元では水が酸性から中性に変化していく金魚の水槽を教材化した。水槽の中には一日中酸素を吸って二酸化炭素を吐く金魚と、日中は光合成をする水草を入れておく。この水槽の水にBTB液を入れておくと、朝から昼にかけて水の色が黄色から緑色に変化していく。この現象を目にした子どもは大いに驚き、「水の中の何が変わったのかな？」と、水の中の成分に関心をもつ。そして、朝と昼では水の成分が変化し、BTB液はそれに反応していると考える。このように、子どもが水の成分に対してイメージを膨らませ考えを深めることを期待している。

ウ．問題点③：水溶液の中の成分をイメージし検証することは容易ではない

水溶液の中の成分について子どもが問題意識を持った時に、そのイメージを自由に書かせた

ものが下図（炭酸水と塩酸のイメージ）である。このように、単元構成によっては、溶けているものは異なっていても、酸性の水溶液には共通するある成分があると考えている子どもはいる。しかし、その子どものイメージが正しいかどうか検証することはかなり難しい。

この問題に対しては、中和を扱うほかないと考える。塩酸と水酸化ナトリウムを混ぜた時に、アルミなどの金属がより激しく溶けると予想する子と溶ける力が弱まると予想する子が必ずいる。実際に実験してみると金属は溶けずに中性になるという事実から、「酸性とアルカリ性にしている成分の性質が互いに打ち消し合い、別のものに変化している」としか考えられないという結論に達する。この結論は、子どもの酸性やアルカリ性の水溶液に対する当初のイメージを発展させたものなので、子どもが納得する学習になることが期待される。

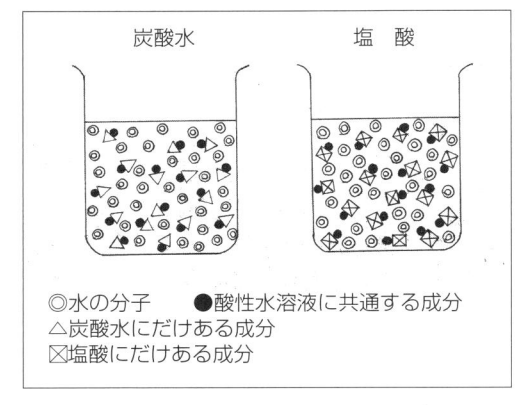

◎水の分子　●酸性水溶液に共通する成分
△炭酸水にだけある成分
⊠塩酸にだけある成分

2 本単元に関係する「酸・アルカリ」の科学史

●中世の人たちの認識

塩酸…酸性の代表的な水溶液である塩酸は、錬金術師のジャービル・ブン・ハイヤーン（721頃～815頃。ラテン語名ゲーベル。架空の人物という説が有力）によって800年ごろ塩とヴィトリオール（硫酸のことを示す）を混合することによって発見された。ジャービルは多くの化合物を発見・発明し、塩酸や他の化合物などの化学的知識を著書に残したとされる。

酸…人類は古くから柑橘類の果汁や酢など、酸っぱい味のする物質があることを知っていた。この物質は、味もさることながら、金属を腐食したりミルクを凝固したりする特別の性質があるため特に関心がもたれ、「酸（acid）」と呼ばれてきた。この言葉は、ラテン語のacere（酸っぱい）という語に由来している。中世の錬金術師たちは、黄金や不老不死の妙薬のもとになる"賢者の石"を探していた時、王水（濃塩酸と濃硝酸の体積比3：1の混合液。金・白金などの貴金属を溶解できる）などの強酸を発見し、酸の仲間を増やしていった。

アルカリ…酸と反応してその働きを弱める物質についても昔から分かっていた。その物資は脂肪を落とす洗剤として使われていた木灰の中にあった。木灰の汁を煮詰めてできた粉末の物質は、舌をさす特有の辛みがあり、アラビア人は「アルカリ（木灰の意味）」と

呼んでいた。この物質を強熱すると、灰の一部は気体（主に二酸化炭素）となって消え、さらに強いアルカリ物質が残る。当時の人たちは、その残る部分は元の灰よりも堅固な物質だと考え、ギリシャ語のbasis（基礎）にちなんでbase（塩基）と名付けた

●17世紀の酸・アルカリ

錬金術師の夢が薄れると、科学の目的は医薬を作り、不足している元素を体内に投入して病気を治すことだと主張する医化学者たちが現れた。彼らは酸とアルカリを重視し、例えば、シルビウス（1614～72）は、人体を酸とアルカリの微妙な平衡状態にある化学系と考え、そのバランスが崩れると体調の変調をきたすと主張した。

●粒子論の人たち（ボイルなど）の人たち

17世紀になると、酸・アルカリがなぜそういう性質を示すのかに目が向けられるようになった。ロバート・ボイル（1627～91。リトマス紙の赤変を確認している）などは、粒子観に基づき粒子の大きさや形状で酸・アルカリの性質や現象を説明しようとした。例えば、酸は先のとがった針のような粒子からできているため、舌を刺激して酸っぱく感じ、金属の粒子間に入り込むので金属は溶けると考えた。アルカリは多孔質の個体で、酸の粒子がこの穴に入るので酸の性質が失われると考えた。

●18世紀の偉大なる化学革命の旗手ラボアジエ（1743～94）

産業革命によって大量に生産された布を漂泊するために石灰水が使われるようになった。石灰の研究（石灰石を加熱すると生石灰に変化し二酸化炭素を放出する。$CaCO_3 \rightarrow CaO + CO_2$）から固定空気（二酸化炭素）が発見され、それがきっかけで水素、そして酸素が見つかった。ラボアジエはこの酸素が炭素と結び付くと炭酸ができ、硫黄と結び付くと亜硫酸、リンならリン酸ができることを明らかにした。ラボアジエは金属以外の物質がこの気体（酸素）と化合すると酸になると考え、この気体が酸の生成に不可欠なものと結論し、「酸を生じる」というギリシャ語から「酸素」と命名した。ラボアジエにとって酸素は酸性化の原質であった。

●19世紀の酸・アルカリ

ハンフリー・デービー（1778～1829）は、塩酸には酸素が含まれていないことを明らかにし、酸の働きには酸素が不可欠とするラボアジエの考えは否定された。デービーは塩酸に含まれる物質を塩素と名付けた。また、塩素と水素を混合して火花を飛ばすと塩酸ができることから、塩酸は水素を含むと考えた。そこで、ゲイ・リュサック（1778～1850）は、酸には酸素酸と水素酸があると考えた。その後、酸化カルシウム（生石灰CaO）のような酸化物が酸と結合して水ができたと推測した。

これらのことから、ユストゥス・リービッヒ（1803～73）は、「酸は水素の化合物であり、その水素は金属イオンで置き換えられる」という考えを発表した。この定義は実験的事実をそのまま素直に述べたもので、明快であり、誤りもなく今日でも通用する。しかし、

> 酸の強弱を論ずるには、さらに新しい理論の登場を待たねばならず、さらに50年の年月を要する。
> 　1884年、スヴァンテ・アレニウス（1859～1927）は電気伝導性のある水溶液中に存在する溶質粒子のうち、ある割合のものが電気伝導に関係することを発表し、この考えをさらに発展させて、酸と塩基の定義を提唱した。それは、水溶液において水素イオンを発生するのが酸で、水酸化物イオンを発生させるのが塩基だとする、今日私たちが知っているような形のものである。アレニウスは、そのほかにも氷河期の研究によって、二酸化炭素の量の変化が温室効果によって地表温度に影響を与え地球温暖化を引き起こすことを科学者として初めて提唱した。

　酸とアルカリの科学史の中で人類は何を追究してきたのだろう。人類は酸性とアルカリ性を示すものがあることはかなり以前から知っていた。そこで、人々の関心は歴代の科学者ボイル、ラボアジエ、デービーらがそうしたように「何が酸やアルカリを決めるのか」であったように思われる。ところが、この問題は燃焼の仕組みは酸化であることを解明したあのラボアジエをもってしても、酸素が酸の生成に不可欠と考えたくらいの大変難しい問題であり、ようやく光明が見えたのはイオン説が登場してからである。イオンの概念が生まれたのは、水溶液を電気分解するとそれまでの元素説では説明ができない現象が出てきてからである。ファラデーの初期のイオン説は電圧を加えたときだけイオンが生じるというものであったが、アレニウスは電圧を加えなくても塩酸などの電解質分子は解離しているので、酸性の性質を示すのは水素ではなく水素イオン（H^+）だということになる。こうして現在でも通用する概念が生まれたのは、20世紀がもうすぐそこという極めて最近のことである。

　このように歴史の流れを顧みるとき、本単元で重要なことは、「何が酸性やアルカリ性を決めているのか？」という問題意識を持ち続けて当面の疑問を解決していく単元構成にしていくことだと考える。そうすることで、子どもが水溶液の成り立ちに興味・関心を持って深く考えるので、分析したり解釈したりする力を高めることが期待されるからである。無論、この子どもの問いに対して明確な結論が得られるわけではない。しかし、中和という問題を扱うならば、酸性を決定付けるものとアルカリ性を決定付けるものとが合体して（打ち消し合って）全く別の物（塩）に姿を変えるというイメージが生まれるので、子どもは十分納得するのではないかと考えている。そういう意味では、子どもが「何が水溶液の性質を決めているのか？」という問いに対して様々なイメージを描きながら、物質の成り立ちを分子や粒子という見方で説明できるようになっていくところに本単元の価値があると考えている。

　また、気体が水に溶けるということも子どもに抵抗の大きい概念である。食塩などが目に見えないほどの小さな粒として水溶液中に存在することはイメージしやすいが、そのイメージを気体に同化することは容易なことではない。空気は水と混じらないという生活経験があるから

である。学習指導要領には、「水溶液には、気体が溶けているものがある」と簡単に書いているが、実際にはほとんどの二酸化炭素は分子として水に溶けているものの、中には水と反応して炭酸（H_2CO_3）になるものもあり、さらに水素イオン（$2H^+$）と炭酸イオン（CO_3^{2-}）に電離するために酸性を示すことにも留意する必要がある。おそらく子どものイメージは、気体の小さな分子と水の分子が混在しているというものばかりでなく、気体が液体に状態を変化させて水と同化しているというようなものもあるだろう。ここでは、両方のイメージを認めながら、水溶液の中に気体が姿を現す瞬間の観察をじっくり行うなどの工夫が必要である。

3 本単元で科学史を活用することの意味

本単元において科学史を活用する場面は次の3つである。

① 水溶液の成分を問い続ける展開にするために

前述したように、歴代の科学者は「何が酸性やアルカリ性を決めているのか」と問い続け、ついにはイオン説に至った。ところが、多くの授業は、水溶液の分類や同定が中心に行われている。このような授業には、活用はあっても探究は乏しい。「水溶液の中の何が酸性にさせているのか？」というような問いが生まれないからである。仮に正解を見出すことができなくても、「物質の何かが酸・アルカリを決定しているに違いない」と、現象の背後に潜む本質について思索する授業でなければ、子どもの自然を見る目は深まらないのである。私たちが目指す授業はそこである。

ところで、科学史活用の授業のねらいの一つに、教師が科学史を学ぶことによって科学の背景を理解し、単元の本質を捉えることができるようになることがある。私たちが酸とアルカリに関する科学史を学べば学ぶほど、本単元の究極の目標は、酸・アルカリの本質について子どもが問いを持ち、「酸性の水溶液には全てに共通する何かが入っているに違いない」と想像する力を育てることだと思えてくる。そういう授業でなければ、子どもがそれぞれの水溶液の成分に興味・関心を持ち、分子や粒子の考え方に立って現象を説明し、水溶液の成り立ちの不思議さや面白さを十分に味わうことはできない。仮に子どもが疑問を自力で完全に解決できなくても、酸性・アルカリを示す水溶液の成分についての見方を育てるような展開にすることが重要である。

実際問題として、子どもの中には、塩酸、炭酸水、酢酸などが酸性であることから、「酸が付けば酸性なのかな？」と推測したり、「酸って何！酸素かな？」とラボアジエと同じように考えたりする子もいる。このように、子どもが自分なりの解釈を連続するように単元を構成するならば、水溶液の成分について分析的に見たり考えたりする力が育っていくものと期待している。

具体的には、問題点②でも記述したように、BTB液を入れた水槽に水草と金魚を入れると、水槽の水の色が朝方には黄色だったものが昼には青色に変化していく現象を扱う。本教材は、本単元の本質について教師が科学史を学んだ成果として活用するものである。

② 酸性・アルカリと人間との関係に気付かせる場面で

　塩酸や硝酸は貴金属をも溶かす王水の原料として活用されたが、現代でも金属を磨く時などに活用している。これは、酸性の水溶液の金属を溶かす性質を利用したもので、工業社会に不可欠な性質である。また、アルカリ性水溶液は酸性土壌の中和剤やたんぱく質を溶かす洗剤として活用している。酸・アルカリの学習はともすれば実生活をかけ離れた学習になりがちである。ここに本単元の大きな問題がある。理科は生活の中の科学でなければ子どもが実感を伴って理解することは難しい。ここでは、酸やアルカリが自分たちの暮らしと深く関わるものという見方を育てる必要がある。そのため、人類が酸やアルカリとどう関わってきたのか、さらに現在の生活の中でどのように活用されているのかについて具体的に紹介していく必要がある。

　そのため、いきなり塩酸を扱うのではなく、レモン汁が十円硬貨をきれいにする現象をきっかけとして、塩酸が大理石を溶かして二酸化炭素を発生させた学習を想起させ、金属を変化させる性質に気付かせる展開にしていく。また、現在ではトイレなどの洗剤として活用されていることなども紹介する。さらに、水酸化物の中和剤として活用されていることも教材化したい。そのためには、中和の学習は不可欠である。

　また、アルカリについても、酸性化した河川や土壌の中和剤として活用されていることを、木灰などを使って確かめさせたい。水酸化カルシウムがコンニャクの凝固剤として使用されていることは子どもに身近で新鮮な情報である。さらに、水酸化ナトリウムは上下水道や工業廃水の中和剤や固形石鹸の原料として使われているし、たんぱく質を溶かすことから詰まったパイプの詰まりをとるときにも使われている。これらを学ぶことによって、本単元に登場する薬品は、日常直接目にする機会は少ないが人間生活に欠くことのできない有用な薬品であることに驚かせたい。

③ なぜ「酸性」というのかについて話して聞かせる場面で

　普通6年児童は、「酸性」・「アルカリ性」という言葉は聞いたことがあっても、なぜそう言うのかについて考えることはない。しかし、酸性は漢字表記なのにアルカリがカタカナ表記であることに疑問を感じている子どもはいる。そこで、酸・アルカリの語の起源について話題提供をしたい。このことで本単元への関心が一層高まることが期待できるからである。問題は、いつ、どのタイミングでやるかである。

　本単元では、BTB液を入れた水槽に金魚と水草を入れて日当たりのよい場所に置くと、朝は水が黄色なのに昼には緑に変わる現象を扱うが、多くの子どもはBTB液が二酸化炭素に反応して黄色になったと考える。その後、黄色に変わる水溶液がもっとないか探させると、レモン汁や炭酸水、酢酸や塩酸などを見つけてくる。このときに「酸性」を教えるのだが、かなり

の子どもが「酸性」は酸素と関係があるのではないかと勘違いする。「酸性」の語の起源について話すのはこのタイミングである。

　まず、18世紀後半の偉大な科学者ラボアジエの発想を聞かせる。ラボアジエの時代はまだ多くの気体の正体がよく分かっておらず、二酸化炭素も固定空気と言っていた。しかし、それがきっかけとなって水素（燃える空気）や酸素（脱フロギストン空気、火の空気）も見つかった。この酸素が炭素と結びつくと固定空気（二酸化炭素）、硫黄と結びつくと亜硫酸ができることなどから、ラボアジエは全ての酸は酸素からできていると考えた。そこで、この気体に酸を作るものという意味の「oxygen」と命名した。oxyとは酸、genとは作り出すものという意味である。「酸素」という日本語は、江戸時代の蘭学者、宇田川榕庵（ようあん）がオランダ語の化学書を日本語に翻訳するときに作った造語である。ちなみに水素、窒素、炭素、白金なども榕庵の造語である。

　つまり、「酸素」が最初にあったのではなく、先に「酸」があって、それを作る基ということから「oxygen＝酸素」と言うようになったというわけである。西洋の化学がどのように日本に入ってきたのかも子どもにとっては興味深い問題である。

　同じように、アルカリはアラビア語で木灰のことを指す。木灰は脂肪を落とす洗剤として使われていたが、アルカリについては日本語訳がなくそのまま使っている。考えてみると面白い関係である。

4 単元構成(全13時間) 1次(酸性とアルカリ性) 2次(気体が溶ける水溶液) 3次(金属を溶かす水溶液) 4次(中和)

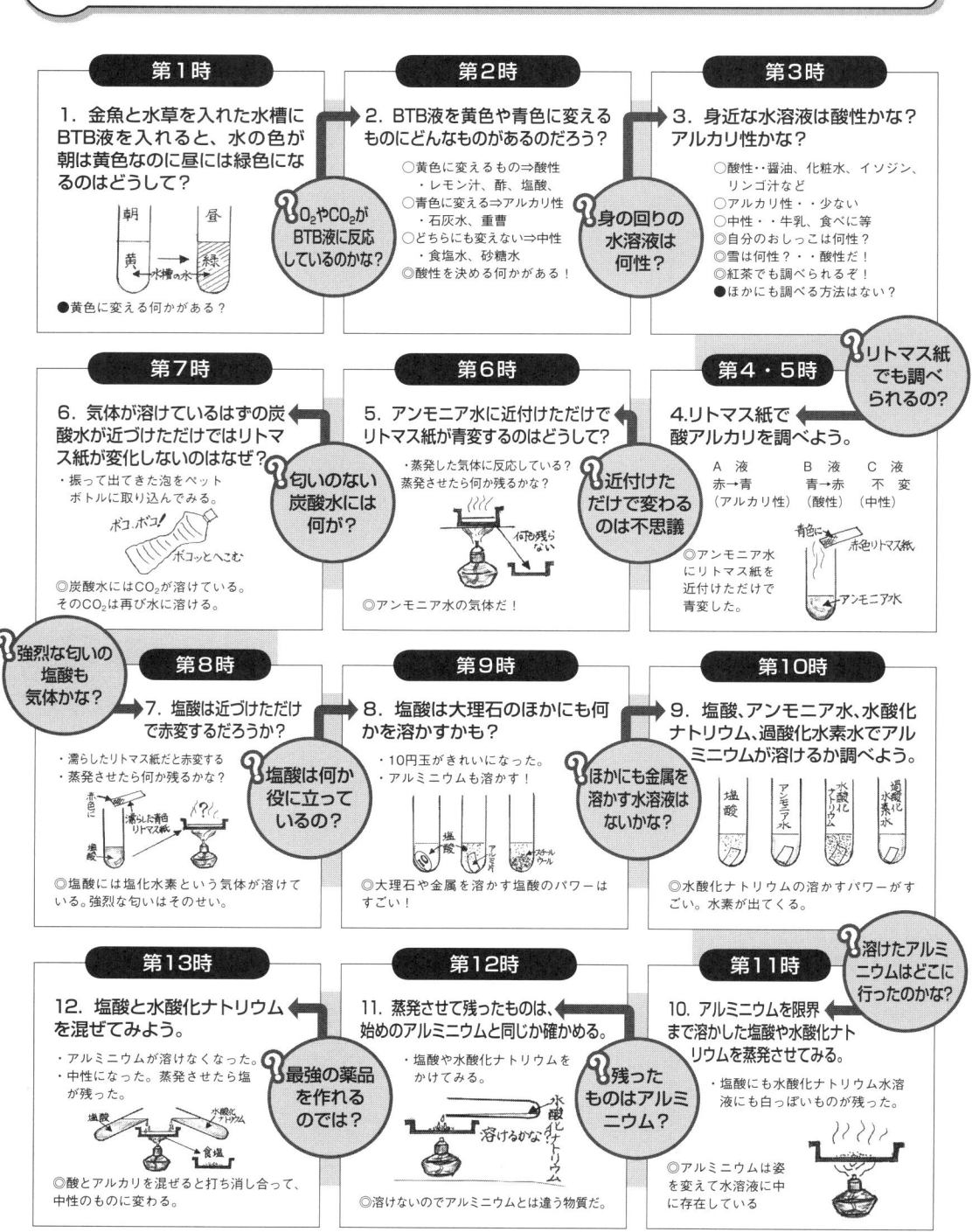

第1時
1. 金魚と水草を入れた水槽にBTB液を入れると、水の色が朝は黄色なのに昼には緑色になるのはどうして?

（O_2やCO_2がBTB液に反応しているのかな?）

● 黄色に変える何かがある?

第2時
2. BTB液を黄色や青色に変えるものにどんなものがあるのだろう?

○黄色に変えるもの⇒酸性
・レモン汁、酢、塩酸、
○青色に変える⇒アルカリ性
・石灰水、重曹
○どちらにも変えない⇒中性
・食塩水、砂糖水
◎酸性を決める何かがある!

（身の回りの水溶液は何性?）

第3時
3. 身近な水溶液は酸性かな?アルカリ性かな?

○酸性・・醤油、化粧水、イソジン、リンゴ汁など
○アルカリ性・・少ない
○中性・・牛乳、食べに等
○自分のおしっこは何性?
○雪は何性?・・酸性だ!
○紅茶でも調べられるぞ!
●ほかにも調べる方法はない?

（リトマス紙でも調べられるの?）

第4・5時
4. リトマス紙で酸アルカリを調べよう。

A液　　B液　　C液
赤→青　青→赤　不変
(アルカリ性)(酸性)(中性)

◎アンモニア水にリトマス紙を近付けただけで青変した。

第6時
5. アンモニア水に近付けただけでリトマス紙が青変するのはどうして?

・蒸発した気体に反応している?蒸発させたら何か残るかな?

◎アンモニア水の気体だ!

（近付けただけで変わるのは不思議）

第7時
6. 気体が溶けているはずの炭酸水が近づけただけではリトマス紙が変化しないのはなぜ?

・振って出てきた泡をペットボトルに取り込んでみる。

◎炭酸水にはCO_2が溶けている。そのCO_2は再び水に溶ける。

（匂いのない炭酸水には何が?）

（強烈な匂いの塩酸も気体かな?）

第8時
7. 塩酸は近づけただけで赤変するだろうか?

・濡らしたリトマス紙だと赤変する
・蒸発させたら何か残るかな?

◎塩酸には塩化水素という気体が溶けている。強烈な匂いはそのせい。

（塩酸は何か役に立っているの?）

第9時
8. 塩酸は大理石のほかにも何かを溶かすかも?

・10円玉がきれいになった。
・アルミニウムも溶かす!

◎大理石や金属を溶かす塩酸のパワーはすごい!

（ほかにも金属を溶かす水溶液はないかな?）

第10時
9. 塩酸、アンモニア水、水酸化ナトリウム、過酸化水素水でアルミニウムが溶けるか調べよう。

◎水酸化ナトリウムの溶かすパワーがすごい。水素が出てくる。

（溶けたアルミニウムはどこに行ったのかな?）

第11時
10. アルミニウムを限界まで溶かした塩酸や水酸化ナトリウムを蒸発させてみる。

・塩酸にも水酸化ナトリウム水溶液にも白っぽいものが残った。

◎アルミニウムは姿を変えて水溶液に中に存在している

（残ったものはアルミニウム?）

第12時
11. 蒸発させて残ったものは、始めのアルミニウムと同じか確かめる。

・塩酸や水酸化ナトリウムをかけてみる。

◎溶けないのでアルミニウムとは違う物質だ。

（最強の薬品を作れるのでは?）

第13時
12. 塩酸と水酸化ナトリウムを混ぜてみよう。

・アルミニウムが溶けなくなった。
・中性になった。蒸発させたら塩が残った。

◎酸とアルカリを混ぜると打ち消し合って、中性のものに変わる。

5 授業の実際(第1時)

(1) 本時の目標
BTB液を入れた水槽に水草と金魚を入れておくと、朝に水の色が黄色に変化しているのは、水の中の酸素が金魚の呼吸によって二酸化炭素に変わり酸性になったからであることを実験を通して確かめる。

(2) 授業展開
①水槽の色の変化に疑問を持つ

昼には水の色が緑色になっている

金魚10匹と水草（キンギョモ2株）を入れた水槽（25cm×35cm、深さ20cm）にBTB液を20ml入れた。BTB液は始めは青色をしていたのに、翌朝には水槽の水は黄色に変化していた。金魚の出した二酸化炭素がたくさん溶けて酸性になっているのである。しかし、昼には水の色は次第に緑色に変化していた。観察を2～3日続けると、水槽の水は朝方は決まって黄色なのに昼になると次第に緑色に変化し、翌朝には再び黄色にもどるという規則性があることに気が付いた。

②水槽の水が朝に黄色に変化したことのわけを考える

水槽の水の色が変化する問題に対して、「**昼は緑色だった水槽の水の色が、どうして朝には黄色に変化するのだろう？**」という学習問題を作った。この問題に対する子どもの予想は次の4つであった。

A．微生物が月の光の影響で何かの変化をしたから。……………………………（1名）
B．水草に日光が当たって光合成をして酸素がBTB液と反応したから。………（17名）
C．金魚が呼吸するから二酸化炭素が増えてBTB液と反応したから。…………（13名）
D．どういう性質か分からないが、水の性質が変化したから。……………………（1名）

以上の4種類の予想について意見交換をした。A説は「水の色は微生物の色なのか？」と質問され、R男は「そうだと思う」答えたが、「微生物の色ならBTB液を入れなくても始めから色がついているのではないか」と反論された。R男は考え込み、「BTB液がないと微生物に色が付かないのだと思う」と答えた。R男は水の中の何かがBTB液に反応していると考え、その何かを微生物に求めたのである。しかも、夜間に色が変わることから原因を月の光としたわけで、決して荒唐無稽とは言えない。

また、D説は「水の性質というのはどんな性質か？」と質問されたが、「それは分からない」ということだったのでそれ以上深まることはなかった。

　続いて、B説に対して「朝は日光が当たってそんなに時間がたっていなくて、光合成は少ししかできないから酸素はそんなにできていないのではないか」という反論が出た。しかし、N男は「朝早くから光合成をしていると思うので酸素はもうできていると思う」と答えた。それに対して「それじゃ、昼に緑色になるのはどうしてか？」と再質問されたが、N男は「今より酸素が増えていくからだと思う」、「BTB液は酸素に反応すると思うので多い時と少ない時で色が違うと思う」と答えた。

　これらの話し合いを通して、A説やD説の子も、BやCの考えに傾いていった。C説はBTB液が二酸化炭素に反応して黄色になるという考えだが、それに対しても「どうして昼になると緑色になるのか？」という質問が出された。T男は「水草が光合成をするから二酸化炭素が使われて酸素が増えていくからだと思う」と答えた。さらに、「BTB液は酸素にも二酸化炭素にも反応するのか？」という再質問には、「どっちにも反応すると思う」と答えた。この答えにもすぐさま「それじゃ、二酸化炭素に反応する時と、酸素に反応する時で、色が違うということか？」という質問が出たが、T男は「そう思う」と答えた。しかし、同じC説のS男は、「BTB液は二酸化炭素にしか反応しないと思う。昼に緑色になるのは酸素に反応しているのでなく、二酸化炭素がなくなったからだと思う」と発言した。この発言には、「へー」とうなずく声があちこちからあがった。思いもかけなかった発想に驚き、なるほどと納得し、考えを変えた子どもが多数いる様子であった。こうして、C説にも2種類があることが明らかになった。この時点での子ども予想は、B説が10人、CのT男説が8人、CのS男説が14人にと大きく変わった。

　③BTB液はどちら（二酸化炭素か酸素か）に反応しているのかを調べる

　まず、朝の水槽の水に二酸化炭素が入っているか調べてみた。その方法として、水槽の水に石灰水を入れてみることになった。もし二酸化炭素が入っているなら、白濁するはずだと考えたからである。早速、試験管に水を取り出して石灰水を入れてみた。誰もが白濁すると思ったその瞬間、黄色の水の色が青に変わった。思わず、「エッ！」と驚きの声を上げた。びっくりである。「いったい何が起こっているのか？」と目を丸くした。ここで、どうして青色に変わったのか考察させたところ、その原因として次の4つがあげられた。

石灰水を入れると青色に変わってビックリ！

①水の中に二酸化炭素がなかったのではないか。………………………………（3名）
②BTB液が石灰水に反応したのではないか。石灰水の反応の方が
　二酸化炭素との反応よりも強かったからではないか。…………………………（15名）
③水の中には二酸化炭素ではなく、酸素があったのではないか。………………（4名）
④BTB液が石灰水の白濁させる性質を奪ったからではないか。　………………（3名）
⑤分からない。予想できない。………………………………………………………（7名）

①については、そもそも二酸化炭素があると本当に黄色になるのか調べる必要があることから、BTB液を数滴入れた青緑色の水にストローで息を吹き込んでみた。すると、見る見るうちに黄色に変化した。この実験から、やはりBTB液は二酸化炭素に反応すると黄色になることが確かめられた。次に②に関しては、石灰水を入れた試験管にBTB液を数滴垂らすと、全体が鮮やかな青色に変化した。子どもたちは、その驚くべき反応に「やっぱり」という表情である。③では、水槽の黄色い水を取り出して酸素ボンベの酸素を吹き込んでみた。もしBTB液が酸素に反応するなら、緑色に変化するはずである。ところが、水の色はほとんど変化しなかった。④に関しては、二酸化炭素を入れて白濁させた石灰水にBTB液を入れるとどうなるか調べてみた。結果は白い濁りはそのままで青色に変わった。BTB液が残った石灰水に反応したように見えた。BTB液と石灰水の反応はかなり強力なようだ。

以上の4つの実験から、BTB液は二酸化炭素に反応して黄色に変化することが確かめられた。あわせて、BTB液は石灰水に反応すると青くなるので、水溶液の種類によって黄色や青に変化することも分かった。ここで、黄色に変化する水溶液を「酸性」と呼ぶこと。青に変化する水溶液は「アルカリ性」と呼ぶこと。そして、緑色に変化する水溶液はどちらでもないので「中性」と呼ぶことを教えた。ほとんどの子どもは聞いたことがあるらしく、「そうだったのか」という表情であった。

(3) 授業の評価

本時においては、BTB液が二酸化炭素に反応して黄色になることは全員が理解した。そして、二酸化炭素が増えたのが金魚の呼吸によるものであることも理解している。また、水草の光合成によって酸素が増えるが、緑色に変わるのはそれが原因なのではなく、二酸化炭素が少なくなるからであることもほぼ理解した様子であった。このことにはS男の発言が大きくものを言っている。その結果、子どもたちは、酸性、アルカリ性、中性の水溶液に強い関心を持ち、この後の追究への意欲を高めた。

ところで、問題は所期の目的としていた「酸・アルカリを決める成分に対して自分なりの考えをもつ」ことができたかである。このことを調査するために、授業後に感想や考えたことを書かせたところ、次のようなものがあった。

> 夜に金魚が呼吸をして二酸化炭素がいっぱいになったから黄色になったことが分かった。それが、だんだん緑色になっていくのは、ぼくが予想した通り水草が光合成をして二酸化炭素が減っていくからだ。BTB液は二酸化炭素では黄色になって、石灰水だと青になるのでとても便利だ。でも、とても不思議な性質だと思う。二酸化炭素は酸性で、石灰水はアルカリ性だということも分かった。ぼくは、二酸化炭素の中にBTB液と反応すると黄色になる何かが入っていると思う。石灰水の中にもBTB液と反応すると青くなる何かが入っているのだと思う。それが何かまだ分からないので早く知りたいし、酸性やアルカリ性のものがほかにもあるそうなので、どんなものがあるのか早く調べてみたい。　　（S男）

　金魚の呼吸と水草の光合成との関係や、二酸化炭素と酸素とBTB液との関係を正確に捉えている。さらに、BTB液が二酸化炭素や石灰水の何と反応しているのかに関心を持ち、酸性・アルカリ性を決める成分についてイメージを膨らませている。

> 始めはBTB液が酸素に反応していると思っていたけど、二酸化炭素を入れると黄色になるので、二酸化炭素に反応していることが分かった。酸素を入れても色が変わらなかったので、BTB液は酸素には反応しない。酸素には反応しないというS男君の考えがあたっていたのですごいと思った。酸素はO_2で二酸化炭素はCO_2だから、もしかしたらC（炭素）が関係しているのかなと思った。石灰水だとBTB液が青に変わるので、石灰水にもBTB液を青くする何かが入っているのだと思う。酸素の時は中性の緑になるので、どっちにも反応していないと思う。　　（M子）

　BTB液が炭酸水や石灰水の何に反応しているのかに強い関心を持ち、それが酸性とアルカリ性と中性を決めるのではないかという仮説を立てている。
　S男もM子も、BTB液が二酸化炭素や石灰水に入っている何かに反応していると考えている。このように明確に水溶液の成分に注目して記述していると判断できる子どもは、32名中6名（19％）であった。自由記述だったので19％にとどまったが、潜在的にはもっと多かったのではないかと推測している。それにしても、単元の1時間目にして19％という数字は、決して低くはないと思う。本教材には、水溶液の性質について深く考えさせる力が根本的に備わっていると感じた。この後、S男やM子の感想文を全体で紹介していくことによって、このような見方は他の子どもたちも広がっていくのではないかという見通しが立った。

6 本実践を振り返って

①本授業の評価

　単なる分類の学習から、歴代の科学者がそうしたように、子どもが水溶液の性質を決める成分に関心を持つような展開にとの思いで取り組んだ実践である。その結果、BTB液が黄色から緑色に変化するわけや、BTB液が黄色になったり青色になったりすることのわけを考える場面が生まれ、動物の呼吸や植物の光合成の学習経験を生かしながら、ごく自然にBTB液が何に反応しているのかを深く考える学習になっていった。決して簡単な問題ではなかったと思うが、子どもたちは高い関心を示し、考えることに集中し、かつそれを楽しんだ。そうした中から、6名ではあったが、酸性やアルカリ性を決める成分について具体的に記述した子が出たことは高く評価できると考えている。その後、そうした子どもの感想文を全員に紹介し、酸性やアルカリ性の水溶液を探す活動を継続する中で、酸性の水溶液には共通する成分が入っているのではないかなと考える子どもが次第に増えていった。具体的に、酸性の水溶液にはC（炭素）が入っているのではないかと考えた子もいたので、同じ問題に対してラボアジエは酸素が入っていると考えたこと。「酸素」という気体の名前は、酸の水溶液に入っていると推測されたことからラボアジエが名付けたことを話して聞かせた。子どもたちは、「ヘエー」とうなずき合い、目を輝かせた。自分たちが科学者たちと同じ問題を考えてきたことにとても驚いたのである。ただし、酸素ではないことは自分たちが確かめたので、自分たちがラボアジエに勝っているかもしれないと喜ぶ子もいた。こうして、水溶液の何が酸・アルカリを決めているのかなという意識は一気に全体に広がった。本時は単元1時間目で単元の導入の位置付けではあるが、子どもはその後の追究にも大変な意欲を見せ、酸・アルカリを決める成分に関心を持ち続けた。その意味では、授業設定の目的はほぼ達成されたのではないかと考えている。

②本単元の提案について

　本単元では、いくつか新しい問題の提起とそれに対する取り組みを工夫してきた。

　それは、問題点①で指摘したように「水溶液は水に溶けることによって酸・アルカリの性質が生じる」ことに気付かせることと、気体が水に溶けることのイメージをどのように持たせるかということである。例えば、本単元においても、子どもは当初BTB液が二酸化炭素に反応していると考えた。しかし、リトマス紙を二酸化炭素の気体の中に入れても変化はない。子どもにとっては大きな矛盾であるが、我が国においてはこれまでこのことは扱われることが少なかった。しかし、酸・アルカリを決める成分に対する関心が高いと、「二酸化炭素は水にどのように溶けているのかな？」という問いが生まれ、自分なりに考え始め、様々なイメージを持つ。

　そこで、本単元では、水溶液の酸性・アルカリ性を調べる過程で、赤色リトマス紙をアンモ

ニア水に近付けただけで青に変わった現象を取り上げ追究させた。子どもたちは、意外なことに当初はアンモニアの気体が溶けているとは考えておらず、アンモニア水が蒸発して気体になって出るというイメージであった。アンモニア水から白い煙が出るのを見て、水蒸気を連想したようである。水蒸気ならば水分を含むので、近付けただけでもリトマス紙の色が変わるのだと考えたようである。

　本当にアンモニア水が蒸発して気体になるのだろうか。そのことを確かめるために、炭酸水を持ち込み泡が出てくる様子をじっくり観察した。そして、その気体の正体を調べるために水上置換でペットボトルに集め蓋をしたところ、ペットボトルはボコッと音を出してつぶれた。驚いた子どもが面白がって振ると写真のようにさらにぽこぽこつぶれた。この現象に対しては、全ての子どもが「二酸化炭素が水に溶けて体積が減ったので、その分へこんだ」と考えた。水槽で金魚を飼ったときも水中の二酸化炭素が増えた経験を思い出し、「どういうふうに溶けているかは謎だけど、やはり溶けているとしか考えられない」と考えたのである。念のためにペットボトルの水に石灰水を入れると、予想通りに白濁した。このことから、子どもたちは二酸化炭素は水に溶けていることを確信した。しかし、溶けていることのイメージは下の図のように多種多様であった。水の分子と二酸化炭素の分子が混在しているというAが約半数だが、そのほかにもBのように二酸化炭素の分子が水の分子の中に入り込んでいるイメージ。またはその逆のイメージ。Cのように水と二酸化炭素の分子がくっついて対になっているイメージ。Dのように二酸化炭素の分子を水の分子が取り囲んでいる、まるで水和を連想させるようなイメージ。またはその逆のイメージの6種類に分類できた。

（ペットボトルがへこんだ！）

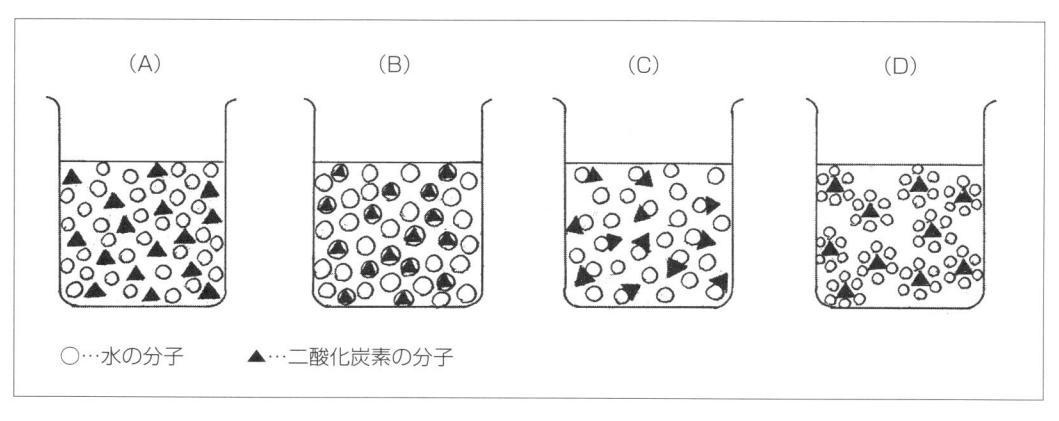

(A)　　　　(B)　　　　(C)　　　　(D)

○…水の分子　　▲…二酸化炭素の分子

次に、炭酸水は二酸化炭素の気体が溶けていることを学習した後、改めてアンモニア水について考えてみた。前の学習では、アンモニア水が蒸発してそのままアンモニアの気体になるという考えであったが、この時点では次のように変容していた。

ア．アンモニア水には炭酸水のようにアンモニアの気体が溶けている。……………(10名)
イ．アンモニア水が蒸気のようにアンモニアの気体になる。……………(22名)

当初より増えたとはいえ、やっぱり「アンモニアの気体が水に溶けている」と考えている子どもは少ない。さっそくアに対して「炭酸水は二酸化炭素が出てくるのが見えるが、アンモニア水は見えないから気体が溶けているという考えはおかしいのではないか」という反論が出た。アの子どもたちは、「アンモニアの気体の粒が小さくて見えないのだと思う」、「アンモニア水の水面から出るから泡が見えないのだと思う」と回答した。イに対しても、「アルコールは蒸発すると全部気体になるけど、アンモニア水も蒸発すると全部気体になるのか？」という質問が出された。イの子どもたちは「そうだと思う」と答えたので、アンモニア水をビーカーにとって蒸発させても本当に水は残らないのかしばらく様子を見ることにした。

2～3日たつと、アンモニアの臭い匂いがだんだん弱くなった。そして1週間後、ビーカーに鼻を近付けても、匂いはほとんどしなくなった。試しにビーカーの上に赤色リトマス紙を近付けても色は変わらない。子どもたちは、一瞬アンモニアの気体が抜けてしまったと思ったようだ。残りは水かなと思って赤色リトマス紙に直接つけてみると、さっと青に変わった。「まだ、アンモニアが残っている」、「でも、だいぶ弱くなった」と直感した。そして、Y男の「もし、アルコールのように液体がそのまま気体になるのなら、残っているアンモニア水は始めのアンモニア水と同じパワーがあるはず。パワーが弱くなったのだから、アンモニアの気体だけが蒸発して、水に近くなったとしか考えられない」という発言に、皆賛同した。この時点で、アンモニア水も炭酸水と同じように気体が溶けていることにようやく全員が納得した。

ここで、アンモニアが溶けているイメージをモデル図に描かせてみた。その結果、ほとんどの子どもは（ア）のように書いた。当初のイメージは（イ）だったので、子どものイメージは大きく変容したことになる。

ただし、翌年にほぼ同じような展開で行った授業では、ほとんどの子がいきなり（ア）のイメージであった。気体が溶けることを何の抵抗もなく受け入れている実態に大いに驚かされた。微妙に学習展開が違っていたのか、それ以前の学習経験が異なるのか、あるいは児童の実態が異なっていたのか、その原因はよく分からない。まさに授業は生き物である。したがって、どこで行っても本実践と

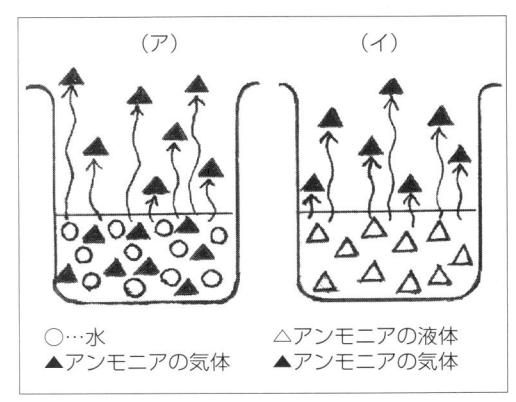

似たような結果になるとは限らないことを念のため申し添えておこう。

最後に、単元終了後、酸性やアルカリ性の水溶液がいろいろあることが分かったので、「酸性やアルカリ性になる秘密は何か」について、炭酸水と塩酸を例に自分の考えをモデル図を書かせてみた。大多数の子どもが、炭酸水や塩酸の水溶液の中に酸性を示す何か共通する物質が存在すると考えていたが、大雑把に分類して次の２種類があった。ただし、そのイメージをどう表現したらよいのかやり方が思い付かないために書けなかった子も数名いた。

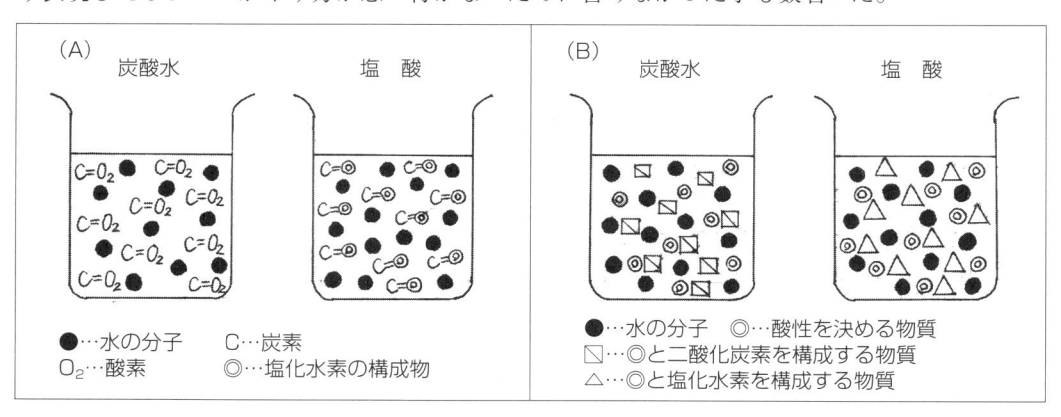

(A) 炭酸水　塩酸
● …水の分子　　Ｃ…炭素
O_2…酸素　　◎…塩化水素の構成物

(B) 炭酸水　塩酸
● …水の分子　　◎…酸性を決める物質
□…◎と二酸化炭素を構成する物質
△…◎と塩化水素を構成する物質

(A)は、二酸化炭素の化学式がCO_2であることを知っており、すでに酸素（O_2）を水に溶かしても酸性にならなかったことから、酸性に関係する物質はＣ（炭素）だと考えたものである。そして、炭酸水には炭素と酸素が結びついたＣ＝O_2（二酸化炭素と思われる）が存在していて、塩酸にはＣ（炭素）と何かは分からない◎とが結びついたＣ＝◎が存在していると考えている。

(B)は、炭素とは特定せず、◎（酸性に共通して存在する物質）が両方にあり、炭酸水と塩酸は異なることから、異なる物質□と△がそれぞれに存在しているという考えである。中には◎と□がくっついた状態（◎＝□）として記述した子もいる。

本単元では第１時に、二酸化炭素と石灰水を扱い、BTB液が何に反応しているかについて考えたので、酸・アルカリにはそれぞれにBTB液と反応して黄色や青色になる成分が入っているという意識ができていた。しかし、炭酸水と塩酸は異なる性質をしているので、何か別の成分も入っていると考えたのである。水溶液の中身について極めて分析的に見る目が育っていると言えよう。

③ 本実践の成果と課題

・本実践は、水溶液の中をブラックボックスにしておくのではなく、できるだけ見たり考えたりしていこうという趣旨の実践であるが、子どもにとってかなり困難な場面もあった。自分の目で確かめることができず、推測するにとどまることもあった。だから、本実践が楽しかったという子もいれば、難しかったという子もいる。しかし、一番多かったのは「難しかったけど、考えることが楽しかった」という子である。科学史を活用する授業は、この「難し

いけど、考えることが楽しい」ことに価値がある。決して楽な授業ではないが、想像力を駆使し、思考に翼をつけ、様々考えをめぐらせることが楽しいという子どもが育っていく。そのような子どもこそが、我が国の新しい歴史を作っていくものと期待している。

・そして、科学史を活用する授業の広がりは、ただ一つ教師にかかっている。教師は、中学、高校、大学でそれなりに化学は学んでいると思うが、化学史の視点は欠如したままで、すでに出来上がった知識として授かっている。その結果、「気体が水に溶けるってどういう状態なの？」とか、「何が原因で酸性やアルカリ性の水溶液になるの？」のように、探究者の視点で考えたり調べたりした経験はほとんどないものと想像される。探究の経験がなければ、分かったときの感動もないので、探究の授業をしようとは思わない。小学校教師は、たとえ文系出身であっても、酸・アルカリの化学史については自ら学ぶ必要があるのではないか。その意外な歴史に教師自身が胸を躍らせるならば、教材観も大きく変わることが期待できるからである。

・本単元が単なる分類や同定で終わりがちな原因として、教師が化学の基礎知識に自信がないことが考えられる。本単元においても、酸・アルカリの定義は決して簡単なものではなく、現代でもいくつかの定義が用いられている。中でも、物質は水に溶解して水溶液になったときに酸性・アルカリ性の性質が出てくるわけで、そのときに起こっている化学反応については知っておく必要がある。例えば、

○炭酸水は二酸化炭素が水に溶けたものだが、大部分は分子の状態で溶けるのに対して、一部は $CO_2 + H_2O \rightleftarrows H_2CO_3$（炭酸）のように、炭酸を生じる。

この炭酸は、さらに一部が次のように２段階の解離を起こして、

$H_2CO_3 \rightleftarrows HCO_3^- + H^+$、$HCO_3^- \rightleftarrows CO_3^{2-} + H^+$ のように、水素イオン（H^+）を生じる。酸・アルカリについては、ごく一般的（狭義）にはアレニウスによる定義が用いられる。それによると、酸とは水溶液において水素イオン（H^+）を放出する化合物で、塩基（アルカリ）は水溶液において水酸化物イオン（OH^-）を放出する化合物である。炭酸水はH^+を生じるので酸性となる。

○塩酸の気体は塩化水素分子として存在し、水溶液は塩酸と呼ぶ。塩化水素が水に溶けると、下のようにH^+とCl^-に電離する。アレニウスの定義では、酸とは水溶液に水素イオン（H^+）を放出する化合物なので、塩酸は酸性である。このような酸を、アレニウス酸と言うこともある。

$$HCl \rightarrow H^+ + Cl^-$$

しかし、実際には水素イオン（H^+）は一瞬たりとも裸では存在しない。常に水分子と結合して、H_3O^+（オキソニウムイオン）を生じているので、次のように表すのが正確である。 $HCl + H_2O \rightarrow H_3O^+ + Cl^-$

この場合、HClは酸として働いてH_2OにH^+を与え、H_2Oは塩基として働いてH^+を受け取

るというのが、1923年にブレンステッドとローリーが示した酸・アルカリの定義である。この定義に当てはまる酸をブレンステッド酸（H^+の供与体）、塩基をブレンステッド塩基（H^+の受容体）と呼んでいる。現代では、水素を持つあらゆる物質に適用可能な定義となっている。

○水酸化ナトリウム（NaOH）は、水に溶けるとナトリウムイオン（Na^+）と水酸化物イオン（OH^-）に電離する。このように水に溶けるとOH^-濃度を高める物質はアレニウスの定義では塩基であり、アレニウス塩基という。

$$NaOH \rightleftarrows Na^+ + OH^-$$

水酸化ナトリウムや塩酸は、水溶液が電流を通すので電解質という。水溶液の中では、電気を帯びたイオンが電流を流す働きをする。また、電離というのは、電解質が水に溶けて陽イオンと陰イオンに分かれることである。

○アンモニア水は（実際は液体アンモニアもあり、アルカリ金属などを溶解する）、アンモニアが水に溶けても水酸化物イオンには電離しないが、次のように水からH^+を奪うことでアンモニウムイオン（NH_4^+）とOH^-を生じるので塩基性を示す。

$$NH_3 + H_2O \rightleftarrows NH_4^+ + OH^-$$

○石灰水〔水酸化カルシウム$Ca(OH)_2$〕は、水溶液中で次のように電離している。

$$Ca(OH)_2 \rightleftarrows Ca^{2+} + 2OH^-$$

炭酸水に石灰水を吹き込むと白濁するが、しばらくすると透明の水溶液になるのであわてる教師もいる。この現象は、次のように<u>炭酸カルシウム</u>がさらにCO_2と反応して、水によく溶ける<u>炭酸水素カルシウム</u>に変化するためである。

$$Ca(OH)_2 + CO_2 \rightarrow \underline{CaCO_3} + H_2O$$
$$CaCO_3 + CO_2 + H_2O \rightleftarrows \underline{Ca(HCO_3)_2}$$

また、大理石やアルミニウムなどをよく溶かす塩酸でも、銅は溶けないことに疑問を持つ教師も多い。これは、銅（Cu）はイオン化傾向が水素より小さく、イオン化しないためである。酸で十円玉がきれいになるのは、十円玉の表面が酸化してCuOになっており、$CuO + 2HCl \rightarrow CuCl_2 + H_2O$の化学反応でCuOが除去され銅の光沢が見えてきた現象であり、銅が溶けたわけではない。

以上の事柄は、酸・アルカリの指導に必要と思われる基礎知識であるが、決して簡単な問題ではない。特に酸・アルカリの定義は、化学の進歩に伴い発展拡張されてきており、広義の酸・アルカリについては馴染みが薄い教師がたくさんいる。そうなると、我が国ではすぐに理科専科が望ましいという議論になりがちだが、必ずしも理科専科が望ましいわけではない。英語活動の導入に際してもすぐに英語は専科でという声もあったが、結局は学級担任が行う流れになっている。予算面の問題もあるが、学級担任が子どもと一緒に学んでいく小学校教育の良さに焦点を当ててのことだと私は理解している。だとすれば、理科教育おいても同様である。理科

が得意ではなくても最低限のことについてはしっかり予習をし、自信を持って子どもの前に立とうとする教師の姿勢こそが求められているのではないだろうか。
・本単元では、水溶液の成り立ちについて、子どもが化学反応や分子構造のレベルまで考えていると思われる発想がいくつもあり、驚かされた。それが、そのときに思いついたものなのか、例えば図書などで目にしていたことがフィードバックしたものなのかは定かでないが、今どきの子どもだなあと感心させられた。時代が変わると、子どもの発想が教師を超える可能性すらある。このような時代にあっては、学習指導要領を超えて学習を発展させることがもっとフリーに語られてよいのではないかと思う。文部科学省は、「理科を難しくすると理科が苦手な教師がますます理科離れをする」と心配している。まずは基礎的なことを確実に実践してもらうことが先決だという考えも分からないではない。しかし、そうしているうちにも極めて科学に興味・関心の高い子の探究の芽を殺ぐ可能性についても留意する必要がある。これからは、より柔軟で弾力的に理科教育が論じられていってほしいと願っている。

（工藤　隆継、大島　朋幸）

参考文献
「入門化学史」　T・Hルヴィア著　化学史学会監訳　内田正夫編集　朝倉書店

実践事例 6学年 6

「てこのはたらき」の実践

1 単元の目標と内容の問題点

本単元は、学習指導要領「A　物質・エネルギー」の（3）の学習内容である。
A　物質・エネルギー
（3）てこの規則性

> てこを使い、力の加わる位置や大きさを変えて、てこの仕組みや働きを調べ、てこの規則性についての考えを持つことができるようにする。
> 　ア　水平につりあった棒の支点から等距離に物をつるして棒が水平になったとき、物の重さは等しいこと。
> 　イ　力を加える位置や力の大きさを変えると、てこを傾ける働きが変わり、てこがつり合うときはそれらの間に規則性があること。
> 　ウ　身の回りには、てこの規則性を利用した道具があること。

　本単元の内容は平成10年の学習指導要領では5学年の内容であったが、新指導要領では6学年に移行されたものである。エネルギーに関する指導の系統性を重視し、算数科における反比例の学習を理科で活用するというねらいが含まれているものと考えられる。内容に関しては以前とほとんど変わらないが、「ウ　身の回りには、てこの規則性を利用した道具があること」という内容が付け加えられたことからも、活用ということを強く意識していることが分かる。

ア．問題点①「支点にかかる力は扱わなくてもいいの？」

　本単元では、重い物でもてこの原理を使えば少しの力で動かせることを身の回りの様々な現象を扱いながら体験させ、その便利さを味わわせることが大切である。しかし、実際の指導ではほとんどの場合、予め支点が与えられており、子どもは力点と作用点にしか注目しない内容になっている。よもや、支点にどんな力がかかっているかなどについては考えも及ばないのが普通である。勢い、「てこ」では支点の働きに無頓着な子どもが多くなっているのだが、実はこのことに大きな問題が潜んでいる。

それは、てこの規則性を利用した道具の扱いである。例えば、バールで釘を抜くときに、強い力がかかると土台の木がつぶれてバールの押し傷がついて困ることがよくある。重い物を持ち上げるときでも、支点が空き缶などの弱い物だとすぐにつぶれてしまって持ち上げることはできない。これではてこにならないのである。支点を始めから頑丈なものに限定する学習展開がほとんどだが、実際場面では軽視できないことも多いのだから、支点にかかる力についても扱う必要があると考える。このことを扱うならば、作用点と力点にかかる力を合わせた力が支点にかかっていることに気付き、力点と作用点と支点にかかる力をより関係的に捉えることができるようになる。こうして、てこの原理をより深く理解できるようになるのである。

イ．問題点②「てこは縦軸だけに働いているの？」

　我が国のてこに関する学習は、ほとんどの場合重い物を持ち上げるという内容であり、てこの働きが縦軸に働くケースしか扱っていない。どこの学校にも置いてあるてこ実験機や天秤もその類のものである。その結果、多くの子どもは「てこは重い物を楽に持ち上げる道具である」といった極めて限定的な概念を持つことになる。それで何が問題なのかというと、例えば、自動車のように重いものを横軸（水平）に移動させる必要に迫られても、てこの原理を利用するという発想が生まれてこないことである（このことはSSTA青森支部の実践で明らかになった）。そこで、特に発展的な学習として、縦軸に働くてこだけではなく、横軸（水平軸）に働くてこについても体験させたい。そのような学習を積み重ねることによって、実生活の様々な場面で柔軟に発想する生活力の高い子どもに育てていきたいと考えている。

ウ．問題点③「てこ実験機がつり合う規則性だけに注目させていないか？」

　本単元では、小学校理科で唯一といっていい関係式が登場する。力点と作用点がつり合っているときは「（力点にかかるおもりの重さ）×（支点からの距離）」＝「（作用点にかかるおもりの重さ）×（支点からの距離）」が成り立つ式のことである。この関係式を重視し、これこそ本単元の本質と捉え教えている教師も多い。小学校理科では珍しく指導内容が明確で、指導したという実感が得られやすいのかもしれない。確かにこの関係式を作り出す過程は重要ではあるが、てこには小さな力でとんでもない重い物を動かす働きがあることを体で感じ、驚いたり不思議さを感じたりすることの方がもっと重要である。さらに、それが身の回りの様々なものに応用されていることを体で確かめ、てこの原理の活用なくして自分たちの暮らしが成り立たないことに感動したり感謝したりすることも大事なことである。その結果、子どもは科学と人間生活との一体感を感じ、科学への興味や関心を飛躍的に高めていくからである。

2 本単元に関係する科学史

●アルキメデス（シラクサ　古代ギリシャ、B.C287－212頃）
　てこの原理や浮力を発見し、世界最初の物理学者といわれる。
　アルキメデスは重さや図形に対する研究を進め、「てこ」の原理を発見したといわれる。てこの原理を発見したとき、アルキメデスは「われに支点を与えよ。しからば地球を動かして見せよう」（「我にどこか足場を与えてくれるなら」と紹介されている資料もある）という有名な言葉を言ったといわれている。アルキメデスは、実際にてこの原理を利用して巨大なクレーンを作り、シラクサと戦争をしていたローマ軍の船を持ち上げた。また、250kgの石などを投げる装置やロープでつるされたものを船首に引っ掛け、船を横転させる「くちばし」という装置なども、てこの原理を使ったものと考えられる。（このときはてこだけではなく、輪軸も考え出しており、それも活用していた。）
　天秤は古代エジプト時代（約5000年前に統一国家を形成）から人々に使われており、ピラミッドにもその絵が描かれているほどポピュラーなものであった。

3 本単元で科学史を活用することの意味

ア．支点の働きに注目させる

　一般的な理科学習では、最初から支点が与えられているケースがほとんどである。その上で、力点や作用点の位置を変えることによって、働きが変わることを発見させる展開になっている。その過程で、支点の存在や役割が問題にされることはほとんどない。しかし、てこの原理を発見したアルキメデスは「われに支点を与えよ。しからば地球を動かして見せよう」という言葉を残したと言われている。さすがはアルキメデスである。支点の役割とその重要性に最も注目していたように思われる。アルキメデスにとって、てこの原理の主役は支点だったのではないだろうか。だとすれば、実際に行われている多くのてこの授業の実態とのギャップは大きい。また、実際

（右側が直角部分を切り取ったバール）

134

にてこの原理を応用したたくさんの道具の中には、支点にかかる力の大きさを無視できないものも多い。これらのことから、私たちはもっと支点の役割に子どもの興味・関心を向けさせる必要があると考えている。

そこで、始めに支点の必要性に気付かせる活動から本単元の学習を始めることにする。具体的には前ページの写真のように、バールの釘を抜く直角部分を切り取ったもので釘を抜く活動に挑戦させる。実際にはバールで釘を抜いた経験のある子どもはほとんどいないので、切断した部分の反対側を使って何とか抜こうとあれこれやってみるが、このままでは支点がないので釘は絶対に抜けない。結局、自ら支点を作り出す必要に迫られ、支点の持つ意味について自然に気付いていくことになる。

さらに、実際に支点にどのくらいの力がかかっているのかを調べる活動を取り入れることによって、アルキメデスが語った逸話の持つ意味に気付かせたい。そのことによって、科学や科学者に対する興味・関心を高め、科学を身近に感じる子どもに育てていくことができると考えている。

イ．アルキメデスへの挑戦

子どもたちに身の回りからてこの原理を活用した道具を見つけさせると、実にたくさんのものが出てくる。つめきり、ハサミ、ペンチ、栓抜き、穴あけパンチ、ステープラー、缶詰の缶切りなど、さらに輪軸に関係したものも含めるとドライバー、ドアノブ、鉛筆削り器のハンドルなど、道具という道具にはほとんどどこかにてこの原理が用いられている。しかし、いずれもややダイナミックさに欠けたり、支点や作用点の位置が分かりにくかったりするものも多い。私たちはこの際、もっとダイナミックにてこの原理のすばらしさを感じる活動を用意する必要性があると考えた。

そこで、発展学習として、「アルキメデスは片手で大きな船を動かした」という逸話を紹介し、自分一人の力で自動車を動かす活動に挑戦させたいと考えている。この活動は大人が考えると簡単そうだが、子どもはてこの働きを縦軸でしか考えていないという実態があるため、か

なり難度の高い学習である。

　(A) 図のように棒で持ち上げるようにして動かす子どもは少なからずいる。しかし、そのやり方だとバンパーに傷がつくことから「傷がつかないやり方で」と条件をつけると、(B) 図のようなやり方がある。これだと、距離は少しだが自動車は簡単に動く。立ち木が支点の役割を果たすわけである。実際にこのやり方に気が付いてやってみると、子どもたちは「てこは持ち上げるだけじゃない」と感動する。このように思考の組み替えを経験しながら、子どもは柔軟に発想する力を高めていくのである。

4 授業の実際

ア．単元構成（11時間）

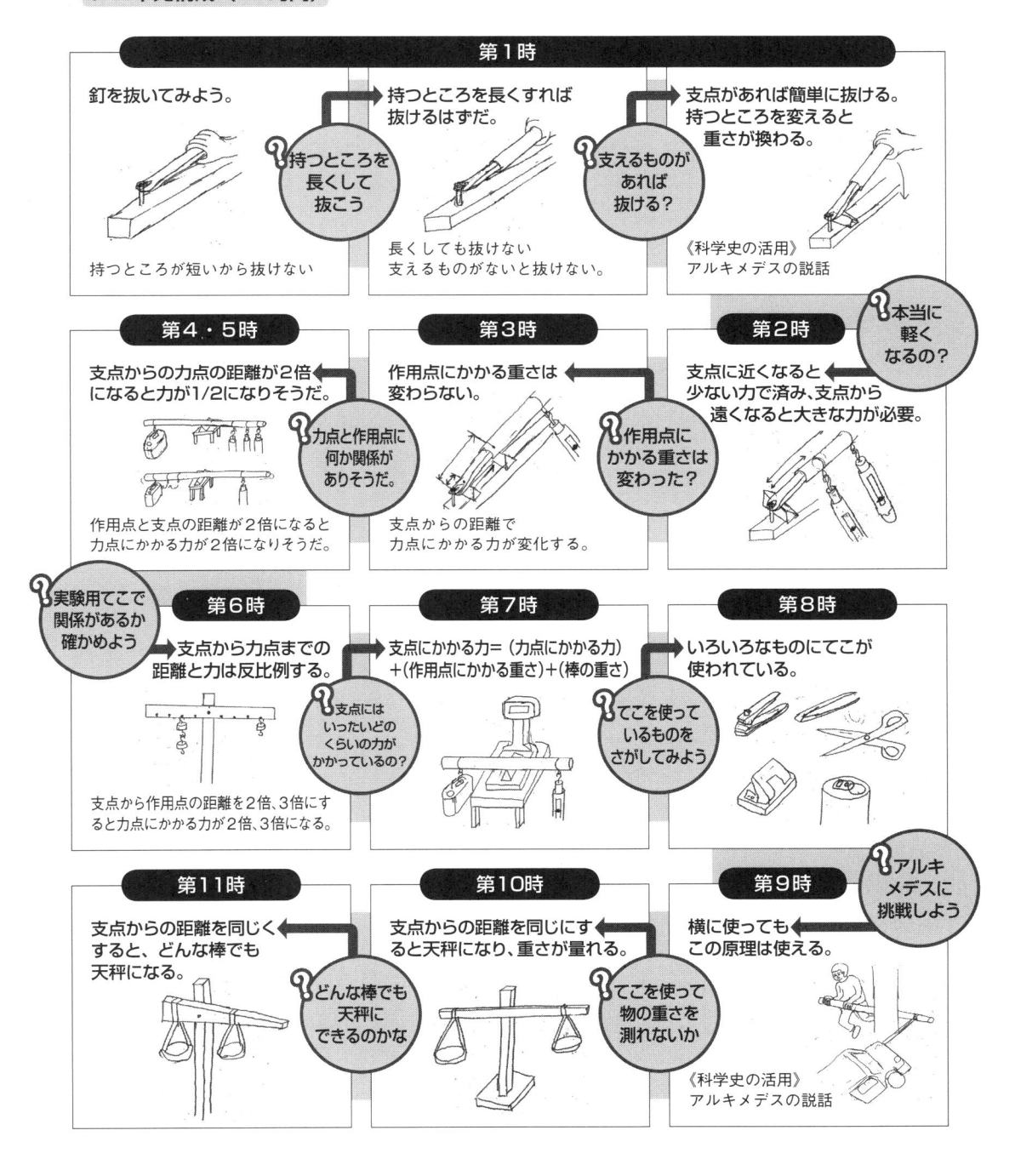

第1時

釘を抜いてみよう。
持つところが短いから抜けない

？持つところを長くして抜こう

持つところを長くすれば抜けるはずだ。
長くしても抜けない
支えるものがないと抜けない。

？支えるものがあれば抜ける？

支点があれば簡単に抜ける。
持つところを変えると重さが換わる。

《科学史の活用》
アルキメデスの説話

？本当に軽くなるの？

第2時

支点に近くなると少ない力で済み、支点から遠くなると大きな力が必要。

？作用点にかかる重さは変わった？

第3時

作用点にかかる重さは変わらない。
支点からの距離で力点にかかる力が変化する。

？力点と作用点に何か関係がありそうだ。

第4・5時

支点からの力点の距離が2倍になると力が1/2になりそうだ。
作用点と支点の距離が2倍になると力点にかかる力が2倍になりそうだ。

？実験用てこで関係があるか確かめよう

第6時

支点から力点までの距離と力は反比例する。
支点から作用点の距離を2倍、3倍にすると力点にかかる力が2倍、3倍になる。

？支点にはいったいどのくらいの力がかかっているの？

第7時

支点にかかる力＝（力点にかかる力）＋（作用点にかかる重さ）＋（棒の重さ）

？てこを使っているものをさがしてみよう

第8時

いろいろなものにてこが使われている。

？アルキメデスに挑戦しよう

第9時

横に使ってもこの原理は使える。

《科学史の活用》
アルキメデスの説話

？てこを使って物の重さを測れないか

第10時

支点からの距離を同じにすると天秤になり、重さが量れる。

？どんな棒でも天秤にできるのかな

第11時

支点からの距離を同じくすると、どんな棒でも天秤になる。

イ．第１時の授業について

(1) 本時の目標
　支点になる直角部分を切り取ったバールで釘を抜く活動を通して、小さな力で大きな仕事をするためには支点が必要なことを理解する。

(2) 評価基準
　・支点を設けると小さな力で大きな仕事ができることを、自由な試行活動を通して見い出すことができる。（科学的な思考・表現）

(3) 授業展開
①支点になる直角部分を切り取ったバールで釘が抜けるか試してみる

　まず、角材に全体の２／３ほどを打ちつけた釘を提示し、「この釘を抜きたいけど、みんなにできる？」と聞いた。子どもたちは「バールがあれば簡単に抜ける！」と答えた。そこで、本来は支点になるはずの直角部分をグラインダーで切り落としたバールを子どもたちに手渡し、「このバールでも釘は抜けるかな？」とさらに聞いた。子どもたちはこれまで見たことがあるバールとは違うことに気付き、少し考え込んだが、「抜ける。だって、釘をはさむところがあるもの」と答えた。そこで、実際にやらせてみた。写真のようにバールで釘をはさみ、力任せに持ち上げるが釘はびくともしない。何度やっても、誰がやっても抜けない。子どもたちはてこの原理を知らないので、闇雲に釘を上に引っ張るだけである。一人ではだめなので二人掛かりでやってみるが、結果は同じである。子どもたちは「おかしい？何が違うのだろう？」と不思議そうな表情である。そして、どうしたら釘が抜けるか真剣に考え始めた。

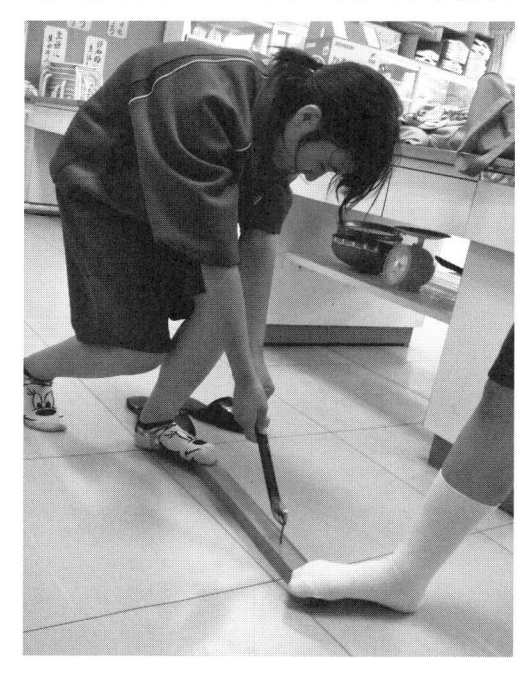

②長い棒を使って釘が抜けるか試行する

　子どもたちの中には、長い棒があれば小さな力で大きな仕事ができることを生活体験として知っている子もいた。その子は、「長い棒があれば軽くなるから、釘が抜ける」と言い、長い棒がないか聞いてきた。そこで、１mのステンレスパイプを与えた。子どもたちは「これがあれば抜ける」と、自信たっぷりにもう一度チャレンジを始めた。パイプの中にバールを入れ、それを釘の頭にひっかけて抜こうという作戦である。しかし、パイプを縦にして引っぱるとパイプは抜けてしまう。水平にして抜こうとするが、力が入りにくそうで、釘はびくともし

ない。何回やっても抜けない。すると今度は、「もう一本パイプがあればいい」という声が上がった。そこで、1本目のパイプが中にすっぽり収まるような内径が太い1mのパイプを与えた。両方をつなぐと2m近くなる。子どもたちは「これで大丈夫だろう」と、安心した顔で挑戦した。しかし、パイプが長くなると逆にやりにくそうで、やっぱり釘は抜けない。子どもたちは大いに困惑した。単に長い棒があれば簡単に釘が抜けると考えていた子どもたちだったが、根本的に考え直さなければならない局面となった。

③自分たちで支点を作って、試行する。

バールやパイプの動きをじっくり観察していたA君は、釘の頭近くのパイプを指さし、「バールがグラグラ動いているから抜けないんじゃないの。ここをしっかり固定すれば抜けるかも」と言った。子どもたちはその言葉を聞いて、釘とバールを注意深く見つめ、今までしてきたことを振り返った。「確かにバールがグラグラ動いている。これじゃあ、力が伝わらない」。「A君の言うとおり、バールを固定すればきっと抜けるよ」。子どもたちの顔に自信がよみがえってきた。しかし、子どもたちは、支点にどれだけの力がかかるかなど知る由もない。とりあえずバールを固定するために、釘の近くのバールの下に足の甲を入れた。そして、もう一人の子どもが鉄の棒を持ち、思いっきり下に押した瞬間、足を置いた子が突然「痛い！」と叫んだ。その子は、足の甲にものすごい力がかかって痛いことをみんなに伝えた。子どもたちは「それでは」と「足の代わりになるものがないかな」と辺りを探し始めた。そして、用意していた木の台を見つけた。その台を足の甲の代わりに置き、パイプを力いっぱい押した。すると今度は、釘はギーと音を出して拍子抜けするほど簡単に抜けた。子どもたちはあれだけ苦しん

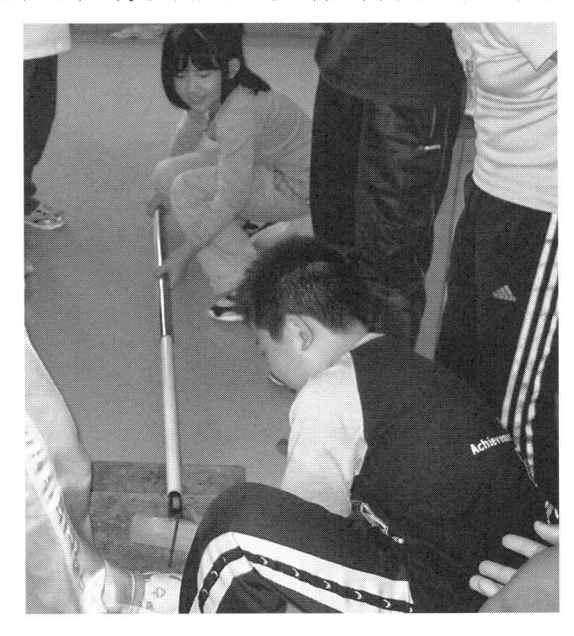

実践事例：6学年 「てこのはたらき」の実践 | 139

だ釘が簡単に抜ける様子を見て、「もう一度」、「もう一度」と、何回も繰り返し確かめた。そして、パイプが長いほど簡単に釘が抜けることなどにもどうやら気が付いた。ここで、バールを置いた木の台を支点ということや、小さい力で大きな働きをする仕組みを「てこ」と呼ぶことを教えた。子どもたちは棒が長いとわずかの力で釘を抜くことができるてこの原理に大いに驚き、その仕組みのすごさに感動した。

　④試行した結果を振り返る。

　子どもたちにこれまでの自由な試行活動を振り返らせ、分かったことをノートに記述させたところ、次のような考えがでた。

> ・長い棒があると簡単に抜けると思っていたけど、木の台などに乗せて棒を押さないと釘は抜けないことが分かった。
> ・支点がないといくら力を入れても釘は抜けなかったけど、支点があると小さな力で抜けた。力持ちになった気がした。
> ・支点があると釘が簡単に抜けたけど、支点があるとどうして大きな力になるのか分からないので調べてみたい。

　子どもたちは全員が「支点」の役割に注目し、支点があって初めててこのしくみが成り立つことを実感した。ここで、力点、作用点という名前についても説明した。

ウ．第7時の授業について

(1) 本時の目標
　支点にかかる力について今までの学習経験を生かして予想し、支点にかかる力は、力点にかける力と作用点にかけたおもりの重さ、及び棒の重さを合わせたものであることに気付く。

(2) 評価規準
　①支点にかかる力について、今までの学習経験を生かして理由をつけて予想することができる。（科学的な思考・表現）
　②実験結果から、支点にかかる力は、力点と作用点にかける力や重さ、棒の重さをあわせたものであることを説明することができる。（知識・理解）

(3) 授業展開
①支点から力点、作用点の距離と重さの関係を確かめる

　支点の役割からてこの学習が始まると、支点の位置を変えると力点にかかる力が本当に大きくなったり小さくなったりするのかというように、支点から力点や作用点までの距離を中心に学習が展開される。やはり、「支点」を中心にてこの働きを考えるようになるのである。支点から力点までの距離を変えると、同じ力でも大きな働きや小さな働きになること。支点から作用点までの距離を変えると、同じ重さを持ち上げるために大きな力が必要だったり小さな力で

すんだりすることなどを予想し、実際に確かめていった。

　これらの学習のあと、「力点や作用点にかかる力は分かった。じゃあ次は、支点にかかる力だね」と発言する子どもがいた。学習の流れから、次は当然支点にかかっている力を問題にするつもりではいた。しかし、教師の側から「支点にも力がかかっているのかな？」と働きかけるほかないと考えていたので、非常に驚いた。「支点の役割」から学習を始めると、子どもたちは支点にかかる力についても自然に意識するようになるようである。これは意外な収穫であった。

　力点にかける力や働きについての学習は大切だが、実生活では、それらを支える支点の強度も重要な問題である。そこで、15kgのおもりを持ち上げるてこを用意し、実際にどのくらいの力で持ち上げているのかを確かめた。子どもたちは、支点から力点までの距離が支点から作用点までの距離の3倍なので、力点にかかる力は5kgと計算した。実際に確かめてみると、確かに5kgであった。

②支点にかかる力を予想し、話し合う

　次に、前の実験において支点にどのくらいの力（重さ）がかかっているかについて予想させた。子どもたちの予想は次のようなものであった。

0kg説…おもりを持ち上げるとき同じ力を力点にかけるのだから、その力はお互いに消されるのではないか。だから支点には力がかからず0kgだと思う。

15kg説…作用点につるしている重さが全くなくなるというのは考えられない。実際に支点の台がへこんでいるから、支点にも力はかかっている。きっと、おもりの15kgが支点にかかっているはず。

合体説…支点のないバールで釘を抜いたとき、バールの下に入れた足がすごく痛かった。力点に力を入れると痛さが強くなったような気がしたから、力点にかける力も関係があるはず。多分、おもりの重さと力点に入れた力の両方が支点にかかると思う。

　子どもたちの予想についての話し合いは白熱した。しかし、実際に痛さを体験した子どもの話には説得力があり、始めは打ち消しあって0kgになるという考えの子が多かったが、両方が合体してかかるという説が次第に強くなっていった。そして、多くの子どもがその考えに賛同した。

③支点にかかる力を計測する

　本当に支点に力がかかっているのか、かかっているとすればどのくらいの力がかかっているのかについて、どういう方法で調べるかを考えさせたが、なかなか適当な方法が見つからなかった。しかし、多くの子どもが、15kg＋5kg＝20kgが支点にかかると予想していたので、20kgを体重計を使って調べられないか提案した。その結果、支点の下に体重計を置く次ページのよ

うな実験方法を考え出した子が数名いたので、早速実験することにした。子どもたちが注目する中、力点にかけたバネばかりを下に少しずつ下ろしていくと、作用点につるした15kgのおもりがだんだん持ち上がっていく。そして、パイプは水平になった。子どもたちはその瞬間の体重計の目盛りを凝視した。バネばかりの目盛りは5kg。一方、体重計は22kgを指している。「当たった！」と、予想に近い数字が出たことから予想が当たったと判断して喜ぶ子もいた。しかし、約半数の子どもは、「2kg多いなあ。どうしてかな？」と、2kgのずれにこだわり、納得のいかない表情である。もう一度やってみても、やっぱり体重計の目盛りは22kgを指す。子どもたちはこの2kgの差はなんだろうと考え始めた。B子が、「パイプの重さじゃないかな？このパイプは結構丈夫だからきっと重さもあるはず」と発言した。子どもたちは、「もしパイプが2kgならぴったり当てはまる」と、勇んでパイプの重さを量った。すると、ステンレスのパイプの重さはピッタリ2kgだった。子どもたちは、「そうか、支点にかかる力は、おもりの重さと力点にかける力だけじゃない。棒の重さもかかっているんだ」と口々に驚きの声を上げた。2kgのなぞが解け、皆満足そうだった。

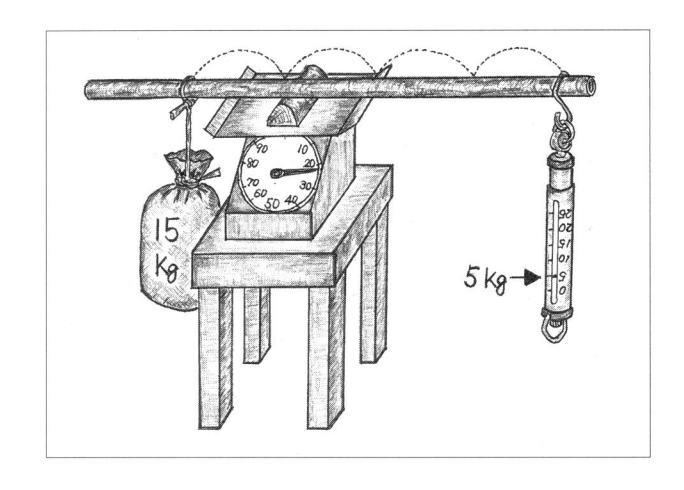

　④実験結果を考察する。

　その後、子どもたちは力点の場所を変えたり、作用点の場所を変えたりしながら支点にかかる力を計測した。力点や作用点の場所を変えると支点にかかる力も変わるが、どの場合でも、（力点にかける力）＋（おもりの重さ）＋（ステンレスパイプの重さ）＝（支点にかかる力）になった。子どもたちは、「支点には、力点にかける力とおもりの重さの両方がかかった上に、パイプの重さもかかっている。どうりで足を入れたときに痛かったし、支点の台もへこむわけだ」、「支点には三つの力がかかるから、丈夫でないとつぶれると思った」というような感想を述べた。子どもたちは支点にかかる力を確かめたことで、「てこ」についての全体的な力のイメージを深めたのである。

　⑤アルキメデスの説話を聞き、考える

　その後、子どもたちに下の欄のようなアルキメデスの逸話を話して聞かせた。

　　昔、ギリシャのシラクサにアルキメデスという人がいました。アルキメデスは、非常に研究が好きな人で、特に、重さの研究や図形の研究などを行っていました。てこの原理も

> アルキメデスが発見したのですが、その時、アルキメデスは「我に支点を与えよ。さすれば、地球も動かして見せよう」と言ったそうです。
> この話からも、てこの働きにとって何が重要だということがわかりますか。

　てこの原理はすばらしいものだが、おもりの重さや力点にかける力を支える丈夫な支点がなければ使えない。アルキメデスは、てこの原理を使うと地球さえも動かすことができると言ったが、そのためには地球の重さとそれを持ち上げる力と、棒の重さを合わせた分の力を支えられる丈夫な支点が必要なことをしっかり認識していたというわけである。子どもたちからはすぐに「さすがはアルキメデス。支点にかかる力が大事なことが分かっていたんだ」という答えが返ってきた。そして、アルキメデスと同じように重要な発見を自分たちにもできたことを誇りに感じた子どもたちは、「支点の大切さに気が付いたアルキメデスってすごいね！」と盛んに言い合っていた。アルキメデスと自分たちをシンクロさせ、てこの学習にますます興味を示し始めた。

エ．第9時の授業について

(1) 本時の目標
てこを使って自家用車を動かす活動を通して、てこの原理は水平方向にも働くことを理解する。

(2) 評価規準
①アルキメデスの説話を聞き、重い自動車を動かす活動にアイデアを出して意欲的に取り組むことができる。（自然事象への関心・意欲・態度）
②支点、力点、作用点があれば、てこの原理を水平方向にも活用できることを、実験を通して実感できる。（自然事象についての知識・理解）

(3) 授業展開
①アルキメデスの逸話を聞く
　てこの学習の発展として、てこの便利さをよりダイナミックに体験させるため、アルキメデスの逸話を紹介した。

> 　昔、アルキメデスは実際にてこの原理を使っていろいろなものを造ったそうです。例えば、大きな船を港から陸地に片手で引っ張り上げたり、250Kgの石を遠くに投げる投石器（戦争に使う）を作ったりしたそうです。さて、どんな仕組みだったのしょうね。皆さんも、挑戦してみませんか。

　この話を聞いて子どもたちは当然「やってみたい！」と瞳を輝かせた。そこで、実際に私の自家用車を動かしてみることになった。子どもたちは、アルキメデスに挑戦するぞと大いに張り切った。

②てこを使わずに自動車を動かす

　実際に自動車がどのくらい重いかを実感させるために、一人ひとりにロープで引っ張らせてみた。しかし、一人でロープを引っ張っても車は全然動かない。何人で引っ張れば車が動くのか、人数を増やして引っ張らせてみた。一人、また一人と人数を増やしていくと、５人でようやく車は少し動いた。子どもたちは「すごく疲れた」といいながら、「これを一人で、しかも片手で動かすの？」と、改めてアルキメデスのやったことが途方もないことであると感じたようである。

③片手で自動車を動かす方法を考える

　５人で引っ張ってやっと動いた自動車を、一人でしかも片手で動かすことは、かなりの難題だが、子どもたちは生き生きとしていた。事前に次の約束事を決めた。

　車は持ち上げるのではなく、前に動かすこと。

　車に傷をつけないために、車はロープで引っ張ること。

　このことを確認した後、子どもたちはグループで輪になって一生懸命に考えた。「棒を車の後ろに入れて、押してやれば前に進むんじゃない」、「でも、それだとロープがいらないよ。ロープで引っ張るんでしょ」、「ロープにつないで、車の前に棒を置き、引っ張ればいいんじゃないの」、「支点はどこにするの？車を空中に浮かせて引っ張るの？」などと言い合うが、なかなかこれといったいい考えは出てこない。棒を上下に動かす縦軸のてこの経験を、水平方向に応用することは思いのほか難しいようである。それでもあきらめずに棒を持ちながらいろいろ考えていたところ、突然Ｃ男が「てこを横に使えばいいんじゃないかな」と発言した。しかし、みんなはＣ男の言っている意味がすぐには理解できずにキョトンとしている。「どういうこと？図に描いてみんなに説明して！」と言われ、Ｃ男はグランドの土に図を描いた。そして、「今までは棒を縦に動かしたけど、こういうふうに棒を横に動かしてもてこになるんじゃない？」と説明した。「支点はどうするの？」と質問されると、「校庭の木に棒を当てがって支点にすればいい」と答えた。他の子どもたちは、「なるほど、それだと動きそう！」とようやく理解した。

④実際に自動車を動かす

　子どもたちは早速準備に取り掛かった。校庭の立木を支点に決め、ロープを結んだ棒をあてがった。そして、自動車にロープを取り付けた。最初は一人では動かないかもしれないので、２人からスタートした。子どもたちは棒をゆっくり押すと、車はあっけないほど簡単に動いた。何しろ力を入れた感覚さえあまりない。二人の子どもは信じられないといった表情で、「すごく簡単！」と叫び、「これなら一人でも大丈夫！」と言った。見ていた子どもたちも、我も我もと代わる代わる一人で引っ張ってみた。棒の端を片手で押し、「片手でも動くよ」と自慢げに話す子もいる。一回引っ張るごとにロープがだぶつくので、その都度ロープを結び直すのが大変だが、「こんなに簡単に動くなんて、すごい力持ちになった感じ！」、「アルキメデス

もこんな気持ちだったのかな？」と、アルキメデスと感動を共有した様子であった。この授業の後、子どもたちは、「てこは水平にもできることを初めて知った」、「てこはいろいろ活用できてすごい！」と、てこの新しい活用の仕方を見つけた喜びに浸っていた。

5 本実践を振り返って

①本単元の評価

　学習指導要領の内容である「てこの仕組みや働き」については、全員が完全に理解した。特に、科学史を活用して「支点の役割」から始めたので、「支点がなければてこは成立しない」ことを強烈に実感した。また、「支点の働き」が本単元のキーワードだったので、「支点と力点、支点と作用点との距離がてこの働きに関係がある」ことも、通常以上にしっかりと理解することができた。そのことは、「上皿てんびん」に関する学習においても同様だったと評価している。

　また、支点にかかる力の大きさについても、子どもから出された疑問を追究し、ほぼ自力で発想し解決できたので、深い理解に導くことができたと考えている。

②本単元の提案

ア、支点を中心に考える

　これまでは、重さが変わるように感じる力点の手応えに注目する授業が圧倒的に多かった。子どもに「どうすれば持ち上げることができるか」を考えさせることから始めていたので、支点は予め与えられていた。本単元の実践は、教師がアルキメデスの逸話「我に支点を与えよ。さすれば地球も動かして見せよう」という言葉から、てこの学習の本質は支点にあるのではないかと考えたことから始まった。その立場から本単元を見直すと、支点の役割や支点にかかる力について扱っていないことの不合理さに気が付き、単元構成の大幅な変更につながっていった。特に、「支点の発見」の喜びを味わわせるために、支点を作り出す授業を始めに取り入れたことで、本単元は新しい単元に生まれ変わったかのような印象がある。そして、このやり方の方が、子どもは「てこの支点、力点、作用点の関係」をより関係的に捉え、てこの規則性を実感を伴って理解することができると確信した。

イ、アルキメデスへの挑戦が、子どもたちの感動につながる

　実際にてこの原理を活用しているものを身近な暮らしの中から探すと、てこが大変広い範囲で使われていることに驚愕し、てこの原理のすばらしさを実感できる。その上で、「アルキメデスへの挑戦」をテーマに、重いもの（この場合は自動車）を動かす活動を取り入れた。このダイナミックな活動を通して、子どもたちはてこの便利さを体で感じ、改めてそのパワーに感動した。

　さらに、本学習を通して、それまで縦軸だけの世界だったてこの原理が、横軸にも働くことに驚き、現象を三次元で見るようになったという子どもが多い。その上、柔軟に思考することの大切さに気付いたり、アルキメデスのすごさに感動したりするなど、子どもたちの世界観や生き方まで影響を与える学習になったと感じている。

　③子どもの感想

　本単元を終えて、子どもたちに心に残っていることを書いてもらった。次がその結果である。（児童10名による複数記述）

- ・1時間目にどんなバールでも釘は簡単に抜けると思ったのに、支点がないバールだと釘が抜けなかったのでびっくりした。バールが直角に曲がっているのは支点を作るためで、ちゃんと意味があったことが分かって面白かった。支点があって初めててこになることを発見したアルキメデスはすごいと思った。（1人）
- ・自動車を動かすとき、始めは縦に動かすことしか考えなかったので全然思いつかなかったけど、てこを水平にするやり方を考えて、実際に自動車が動いたのですごいと思った。どんなに重くてもてこを使うと動かせるので、てこはすごいと思った。（5人）
- ・今度は実際にアルキメデスのように片手で車を持ち上げたいと思った。そのためには丈夫で長い棒が必要だし支点も丈夫でないといけない。（3人）
- ・てこの原理は自分たちの生活の中でものすごく多く使われていることが分かって驚いた。ぼくは今までそんなことを考えもせずに使っていたのでなんだかおかしかった。こんなてこの原理を発見したアルキメデスは天才だと思った。（1人）

　以上の感想から、ほとんどの子がてこのダイナミックな働きに驚いていることが分かる。また、アルキメデスを尊敬するなど、先人の偉業に感動したり、てこの原理が水平方向にも使えることに驚いたりする子どもも多く見られた。これらのことから、科学史を授業に活用することによって、科学者を尊敬したり憧れたりする気持ちを高め、総じて科学に対する関心を高めることができると確信した。

　④本単元の課題

- ・今回はてこの原理を利用した道具の一つとして、てんびんや棹ばかりを扱った。しかし、小さな力で大きな働きをするというてこの原理とてんびんとはそもそも目的からして異な

る。てんびんの学習場面では子どもの驚きや感動が少なく、問題解決的な学習を組めなかったこともあって子どもの意欲も今一つであった。てんびんをてこの原理の応用した道具と捉えること自体に無理があるように思う。「てんびん」は「てんびん」として一つの単元を組むやり方も考えられる。

- 先人の知恵として「棹ばかり」を扱うことも科学史の活用として有効である。様々な「はかり」がある中で、仕組みが簡単で故障のない棹ばかりは見方によっては最も信用が置けるはかりである。これが紀元前200年ごろローマで発明されたことも新鮮な情報だし、日本には貨幣経済が発達した室町時代に中国から伝わったこと、さらに戦後もしばらくは日常的に使われていたことも興味深いことである。科学と人間生活との関係について考えさせる上でも非常に有効な教材である。将来的には、ばねの伸び縮みを利用するバネばかりも含めて、「はかり」という単元を設けて実践してみたい。

(松山　勉)

参考文献

「発展コラム式　中学理科の教科書　第1分野物理・科学」　滝川洋二編　講談社
「科学史伝記小事典」　板倉　聖宣著　仮説社
「新訳ダンネマン大自然科学史　第6巻」　安田　徳太郎訳・編　三省堂

実践事例 6学年 ❼

「電気の利用(発電)」の実践

1 単元の目標と内容と問題点

本単元は、学習指導要領「A　物質・エネルギー」の(4)の学習内容である。

> 手回し発電機などを使い、電気の利用の仕方を調べ、電気の性質や働きについての考えをもつことができるようにする。
> 　ア　電気は、つくりだしたり蓄えたりすることができること。
> 　イ　電気は、光、音、熱などに変えることができること。
> 　ウ　電熱線の発熱は、その太さによって変わること。
> 　エ　身の回りには、電気の性質や働きを利用した道具があること。

　本学習内容は、現行の学習指導要領で新しく設定されたもので、発電や蓄電という新しい概念と電気のエネルギー変換とが主な内容である。電気やエネルギーに対する新しい見方に深く踏み込んでいる半面、新しい試みとはいえ発電方法について「手回し発電機など」を想定するなど、若干の問題も含んでいる。

ア．問題点①「手回し発電機の教材性」

　発電の道具として手回し発電機は身近であり、ここ数年各学校でも整備されつつある。手回し発電機は火力発電所などで使用されるタービンのミニチュア版であり、火力や風力などの発電をイメージさせるには有効な実験器具である。しかし、手回し発電機は内部がブラックボックスになっているため、発電できることは分かってもどうして電気が起こるのかという問題に対して、子どもがその手がかりさえつかめないという問題を含んでいる。中には、「電流が流れるとモーターが回る。それとは逆にモーターを回すと電流が流れるかもしれない」と可逆的に考える子どももいるが、誰かに指摘されて「なるほど、それはあり得る」と共感する子どもの方が一般的である。つまり、手回し発電機は簡単に発電ができるという長所があるものの、学習のきっかけを作るという点でも、子どもが発電の仕組みを自分の目で理解するという点でも、実は難しい教材だということである。このことから、手回し発電機は、本単元を誕生させ

る創始期にあっては、将来的にはもっとふさわしい教材が開発されることを期待しつつ敢えて使用する教材であり、今後大いに改善の余地があるのではないかと私は考えている。

イ．問題点②「科学史の活用」

ところで、人類の発電の歴史を紐解くとき、手回し発電機が始めにあったわけではない。それは、1本の導線に電流を流した時に、すぐ近くの磁針が振れたことを発見したエールステッドから始まる。そこから電磁石の発明に至り、電磁石とは逆転の発想によってファラデーの電磁誘導の発見に到達した。発電の学習は、そのファラデーに至る歩みを追体験することが最も自然であり、子どもにも分かりやすいと推測される。そのためには、発電の最も初歩的で根本的な現象である「コイルに永久磁石を出し入れするときにコイルの導線に電流が流れる」現象から始めることが肝要と考える。この現象は、磁場の変化が電流を生むことを目の当たりにすることができるので、交流という新たな問題が発生するものの、発電の仕組みの理解には最も適している。以上の観点から、本学習ではコイルと永久磁石を主教材にしたいと考えている。

また、電磁誘導にはファラデーが深く関わっている。そのファラデーの発想に触れ、自力で検証しながら電気を作っていく過程は子どもの探究心を大いに満足させ、楽しい学習になると予想している。さらに、ファラデーの生き方や功績などにも触れることによって、科学の進歩と人間生活との関係についても考えさせていきたい。

ウ．問題点③「蓄電への導入」

蓄電の学習については、蓄電が求められる問題場面があり、その解決のための道具としてコンデンサーを紹介する授業展開が、子どもにとって受け入れ可能な唯一の方法だと考える。ところが、手回し発電機を使用する場合は、発電量が十分なために敢えて蓄電することの必要性を見出せないという問題がある。その結果、多くの実践では、教師が「手で回さなくても豆電球を点灯させ続ける方法はないか」と語りかけ、「それでは・・・」と、おもむろにコンデンサーを提示しているケースが多い。しかし、この「手で回さなくても・・・」という提示には、子どもの問題解決の過程に必然性がなく、教師がコンデンサーを持ち出すための口実に過ぎない。その結果、課題を解決するというよりコンデンサーの性能を調べる学習が中心になっている。このような学習では、子どもはコンデンサーの性能は理解しても、発電の実用性を高めるための蓄電の役割という関係性についての理解を深めることはできない。

そこで、本実践では、コイルに永久磁石を出し入れしても微量の電気しか作れず、何かの電気的な仕事ができるわけではないので、それを蓄えることによって電気的な仕事ができるようにしたいという蓄電の必要性に気付く場面を設けることにする。少量の電気でも、蓄えることによって電子メロディーを鳴らしたりLEDを点灯したりできるようになれば、自力で発電できたという喜びが大きくなり、蓄電の意味を本当に理解することができる。実感を伴った理解とはそういうことである。

なお、コイルに永久磁石を出し入れしてできる電流は交流であり、直流しか扱わない小学校

理科の中では新しい内容になる。しかし、交流というと何となく難しく感じる人も多いが、電流の向きが交互に逆転して流れている現象だと考えると、子どもにとってそれほど難しい問題ではない。本学習では、交流を一方通行に変える道具としてダイオードを紹介することにする。発電はできたがそのままでは電気的な仕事ができないので、ダイオードとコンデンサーを活用して生活の中で使える電気に変えるというシチュエーションで展開するようにしたい。

2 本単元に関係する科学史

●エールステッド（デンマーク）

1820年、エールステッドは回路に電流が流れた瞬間、たまたま机の上に置いてあった磁針の針が動くことに気が付いた。エールステッドはどうしてそういうことが起こるのかを解明できたわけではないが、この発見をただちに学会に報告したために、多くの研究者の好奇心を刺激し、その後の偉大な発見につながっていった。

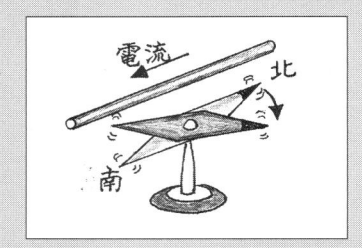

●アンペール（フランス）

アンペールは、エールステッドの報告に接した1週間後、直線状の電線の周囲に磁針が直角になるような不思議な力が生じることを確認した。そして、さらに電線を円形にすることを思いついた。電線が直線だと磁力線は電線の周囲に竹輪のようなものになるが、円形にすると右の図のように竹輪が円形になってドーナツのような形になる。また、電線をばねのように何回も巻くと磁力が増強されることにも気が付いた。アンペールはこのバネ状の電線をソレノイド（今はコイル）と呼んだ。ソレノイドに電流を通すと棒磁石と全く同じものになる。すなわち、電磁石の発明である。この電磁石の強さはコイルの巻き数や電流の強さに比例するので、コイルが引き付ける永久磁石の動きを目盛で測定すれば、電流の強さを測定できる。アンペールはこの原理を利用して電流計を発明した。

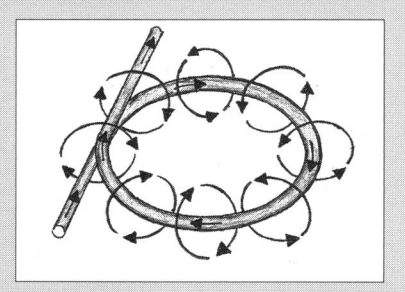

●ウィリアム・スタージョン（イギリス）

コイルの巻き数を増やせば電磁石の磁力が強くなることを聞いたスタージョンは、可能な限り巻き数を増やそうと考えた。電線をばねのように加工するのは手がかかる。鉄の心棒に電線をぐるぐる巻きつけていけばいいのだが、裸の鉄心に銅の電線を巻いたのではショートする。そこで、鉄にニスを塗って絶縁することを思いついた。その結果、鉄心に電

線を巻いた電磁石からは巻き数から予想されるよりはるかに強い磁力が得られるようになった。コイルの磁力と鉄心の磁力の両方が作用し、磁力が強化されるからである。

●ジョセフ・ヘンリー（アメリカ）

　スタージョンは鉄心の絶縁は考えたが、電線の絶縁までは思いつかなかったので、電磁石の巻き数には限界があった。ヘンリーは夫人の絹のスカートや靴下を裂いて導線に巻きつけ、世界で初めて電気コードを作った。この絶縁されたコードならいくらでも巻くことができる。ヘンリーの電磁石は1トンもの鉄の塊を持ち上げることができたという。また、電磁石とスイッチと1マイルの電線があれば、遠くにある電磁石をスイッチで作動させることができる。これは継電器という装置で、これを利用してサミュエル・モールスが電信会社を設立した。ヘンリーは電信機の成功をモールスに独占され、電磁誘導の発見ではファラデーに一歩先を越されたが、交流モーターの完成ではファラデーにタッチの差で勝利した。

●ファラデー（イギリス）の電磁誘導

　1831年ごろ、ファラデーは電流から磁石ができるのなら、永久磁石から電流が生じるのではないかと考えた。電磁石の鉄心が磁石になるのだから、永久磁石を鉄心にしてコイルを巻けばそのコイルに電流が流れるはずだと考えた。しかし、実際に試してみると何事も起こらなかった。

　そこで、右図のように馬蹄形の電磁石を2つ組み合わせて環を作り、片方に電流を流して電磁石にすると、もう一方の回路にも電流が流れると考えた。実際にスイッチを入れると、輪は電磁石になる。すると、もう一方の回路に瞬間的に電流が流れたのである。しかし、それは一瞬のことで持続しなかった。次にスイッチを切ったところ、回路にはさっきと反対向きの電流が流れた。どうやら電流が流れるのはスイッチを入れた時と切った時の瞬間だけである。ファラデーはそのことの意味が分からず、スイッチを連続的に入れたり切ったりしたところ、そのたびにもう一方の回路に電流が流れては切れ、逆向きに流れては切れた。電流は一方向に流れ続けるのではなく、行ったり来たりしたのである。

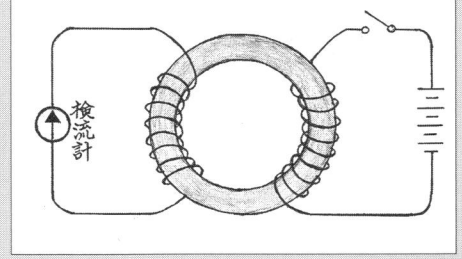

　この時、ファラデーには、磁場が電場を生むのではなく、「磁場の変化」が電場を生むのではないかという考えが浮かんだ。回路に電流を流し続けるためには、絶えずスイッチを入れたり切ったりし続けなければならないのである。そのことが分かると、永久磁石の方のやり方も分かった。ファラデーは永久磁石の鉄心にコイルを巻くのではなく、鉄心を抜き差しできるように緩やかに巻いた。そして、永久磁石の鉄心を抜いたり入れたりした。すると、コイルに電流が流れ始めたのである。

　　　　　※参考文献；「天才科学者たちの奇跡」三田誠広著（PHP文庫）2005年

3 本単元で科学史を活用することの意味

(1) ファラデーの逆転の発想を生かす

「電流から電磁石ができるのなら、鉄心を永久磁石にすると電流が取り出せるのではないか」という可逆的なものの考え方が独力でできる6年生はほとんどいない。しかし、ファラデーは「永久磁石を使えば電流が取り出せるのではないか」と考えたことを聞かされると、「そうかもしれない」と受け入れる子どもは多い。

そこで、このファラデーの思考経路をそのまま追体験することが、子どもが発電の仕組みを理解するのに最も自然で有効なやり方ではないかと考えた。具体的には、棒磁石にコイルを巻いてもコイルには電流が流れないことから、どうしたら電流を流すことができるか自由に試行させることにする。この活動の中では、子どもたちは偶然・必然にかかわらずコイルに棒磁石を出し入れする活動を必ず行うので、その時に電流が流れる現象を間違いなく発見する。そして、検流計の針の向きが交互に逆転するというこれまで見たことのない現象に対しては多少の戸惑いがあるものの、自分の力で電気は作れることを実感する。そして、そのことの価値はとても大きい。発電そのものを身近に感じるばかりでなく、電気と磁気の不可思議な関係に強い関心を持ち、自然の神秘に引き付けられていくからである。さらに、現在の電磁気社会の第一歩を刻んだファラデーの偉大な発見や功績に対して深い尊敬の念を持って接し、科学の進歩と未来に明るい希望を持つようになることも期待されるからである。

(2) 電磁石の学習の応用

コイルに棒磁石を出し入れして得られる電気で何か仕事ができるのかといえば、それはかなり困難で、何とか使える電気にするための諸活動は絶好の問題解決の学習となる。子どもの発想としては豆電球をつけよう（近年はLED）ということになるが、そのためには、コイルの巻き数を増やしたり、磁石の磁力を強くしたり、出し入れを速くしたりするなどの工夫が必要で、その結果、右図のような装置が開発される。この学習場面は、電流の磁化作用（電磁石）で学んだことをまさに応用する場面であり、子どもの活用する能力を高める機会となる。

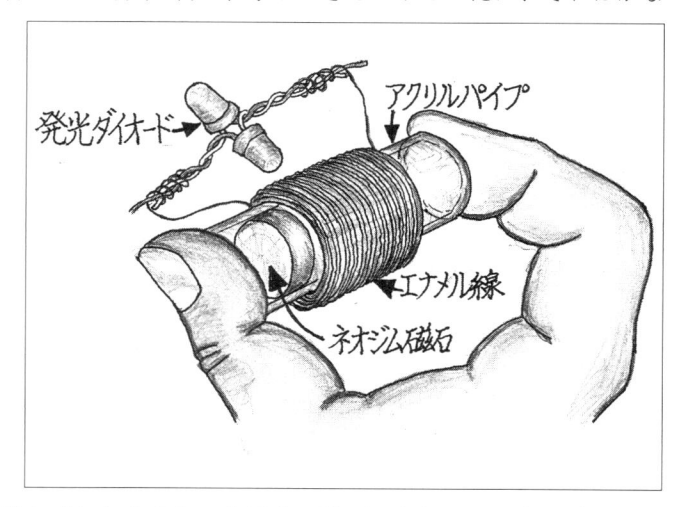

(3) 発電した電気の実用化

　コイルに棒磁石を出し入れして作った電気は＋と－が絶えず逆転する交流なので、子どもに身近な直流モーターを回したり電子メロデーを鳴らしたりすることはできない。さらに、そのままでは電流量が不足なため豆電球を点灯させることもできない。

　こうした問題を解決するための道具として、ダイオードで整流し、コンデンサーに蓄電するという方法を子どもに紹介する。特に、ダイオードは発光ダイオードとして子どもの身近にも存在しているので、その働きを丁寧に説明すれば子どもの抵抗は少ないものと考える。また、回路に電流計を挟むことによって整流や蓄電の様子をつぶさに観察できる。このように、微小の電気を作り出すことはできる。しかし、それを実生活の中で生かすためには格段のアイデアが求められる。それは、まだエジソンが出現しておらず、電灯としての活用がまだ考えられていなかった時代である。

　ところで、ファラデーが電磁誘導を発見したのは1831年のことだが、ファラデーはある講演会で電磁誘導の実験を見せたとき、それを見た女性から、「それが何の役に立つのですか？」と質問されたそうである。ファラデーはそれに対して、「マダム、生まれたばかりの赤ん坊が、何の役に立つか言えますか？」と、答えたと伝えられている。この話は創作とも考えられるが、科学の進歩の真髄をついていることや、電磁気学の創世記である当時の世相やファラデーの確かな識見を知る意味でも大変興味深い。

　それでは、ファラデーは自ら作り出した電気をどのように生かしたのだろうか。そのことには大変な物語がある。ファラデーが発見した電磁誘導は、実は交流発電である。水車や風車が永久磁石を回すエネルギーを見事に電気エネルギーに変える素晴らしいシステムである。しかし、発電だけでは人間生活に貢献できないことも確かであった。発電とその電気を生活の中でどう利用するかということがセットで考えられなければならなかった。そのような視点で見ると、さすがのファラデーも交流発電の本質にはすぐには気付かなかったようである。右図が交流発電の本質である。右側のコイルのすぐそばで永久磁石を回転させるとコイルに電流が流れるので、電線で接続された左側のコイルにも電流が流れる。この電流は交流なので、コイルはN極とS極が絶えず逆転する電磁石になる。すぐそばの永久磁石は同極に反発して半回転するが、すぐ極が変わるためさらに半回転し、それを繰り返して回転運動になる。これが交流電動機（モーター）の仕組みである。この二つの装置は全く同じものだが、一つは発電機で一つは電動モーターになる。当初はファラデーもこのことに気が付か

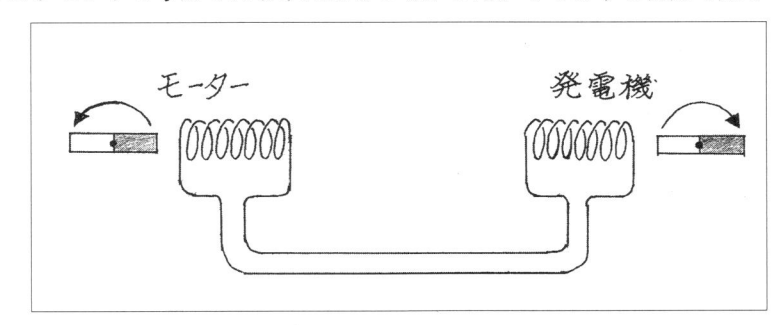

ず、そうしている間にタッチの差で交流モーターについての論文を発表したのがアメリカのジョセフ・ヘンリー（1791～1867）である。現在、交流モーターの発明者としては、ヘンリーの名が刻まれている。

実は、ヘンリーはファラデーより早い1830年に電磁誘導を発見したのだが、発表が遅れたために発見の栄誉をファラデーに譲ることとなった。しかし、ヘンリーは電磁石を研究する過程で、コイルを流れる電流が変化すると、その電流が作り出すコイル内の磁束も変化し、それによってコイル自身に起電力が発生するという「自己誘導」現象を発見した（1832年）。ヘンリーは数多くの発見をしたが、それを特許として独占しようとしなかった。科学の発明は全人類の利益のためと考えていたようである。

(4) 教師の再学習

本単元は新単元なので、多くの小学校教師にとっては初めて扱う教材が多い。自らが中学生以来の学習内容だと感じる教師も多いことだろう。そういう意味では、教師にとって荷の重い単元になっている。教材として手回し発電機を想定していることには、そうしたことへの配慮があり、発電の仕組みまで立ち入らなくてもよいというメッセージだったと考えるのが妥当なところである。

しかし、そうした配慮に甘えているわけにはいかない。本単元を扱う教師は、改めて学習しなければならないのである。その際には、エールステッドからファラデーに至る電流の磁化作用や電磁誘導の科学史について学ぶことが有効である。その時々の科学者の問題意識と解決のため実験や思考経路などの歩みを自らがたどることによって、教師は教材に対する理解を深め、自信を持って指導することが可能となる。

4 授業の実際（本時は1・2／13時）

(1) 本時の目標

コイルの中に永久磁石を出し入れするときにコイルに電流が流れることに気付き、その電気はコンデンサーに蓄えることで生活の中で活用できることを理解する。

(2) 評価規準

①コイルの中に永久磁石を出し入れすることで電気を作れることを、検流計が振れることから説明ができる。（科学的な思考・表現）

②コンデンサーに電気をためることによって、連続して電流を流せることを実験を通して実感できる。（自然事象についての知識・理解）

(3) 授業展開

①永久磁石とコイルで電気を作りだそうとしたファラデー（1831年頃）の話をする。

【ファラデーについての紹介内容】

　マイケル・ファラデー（1791～1867）は、イギリスが生んだ大科学者である。
　ファラデーは貧しい鍛冶屋の息子だったが、小学校を卒業した12歳の時、製本屋の製本工になった。そこで、製本の腕を磨きながら製本工程に入ってくる原稿を読んで勉強した。特に興味を持ったのが科学の本で、ファラデーは本を参考にして小遣いから薬品や道具を買い込み、いろいろな実験したと言われている。その後、デービーという科学者の助手を務めながら実力を蓄え、若くして電気だけでなく様々な分野で偉大な発見をし、大科学者といわれるようになった。
　1820年、エールステッドによって電流が磁石に作用を及ぼすことが発見されたが、ファラデーはそのことに刺激を受け、エールステッドの逆の実験によって電気を作り出すことができるのではないかと考え、様々な実験をした。
　では、具体的にどういうことをしたのか考えてみよう。鉄心が磁石になるのだから、すでに磁石になっている永久磁石にコイルを巻けば、そのコイルに電流が流れるのではないかと考えたのである。

　この話の後で、子どもたちに感想を聞くと、「ファラデーはすごいことを考えたなあ！」、「電磁石と逆だから、作れるかもしれない」という答えが返ってきた。しかし、その発想はファラデーの考えたこととして紹介したから出てきたのであって、電磁石を作りその性質を調べる活動の中で、そんなことを考えた子どもは皆無のようである。「永久磁石にコイルを巻けば電流が流れるかもしれない」と考えることは相当に高度な発想と言える。

②ファラデーのやり方を紹介し、そのやり方で電気を作れるか予想する

　「電磁石と逆だから、作れるかもしれない！」と予想した子どもが約7割。「そんな簡単に電気を作れるとは思えない」と考えた子どもが約3割であった。どちらの予想もはっきりした根拠があるわけではない。授業の流れとしては、全員が「作れる」と予想してもおかしくないのだが、そうはならなかったということは、潜在的に「電気を作ることは簡単ではない」という意識の子どもが相当数いるということである。したがって、早く実際に確かめてみたいという次の活動への意欲がぐっと高まった。

③コイルの中に永久磁石を入れるとコイルに電流が流れるか実験で確かめる

　早速、コイルを巻いたアクリルパイプにアルニコ磁石を入れてみるが、電流計の針は動かない。納得がいかない子どもたちがアルニコ磁石を盛んに出したり入れたりしているうちに、電流計の針が動くことに気が付いた。素早く入れると5mA前後も動く。子どもたちは歓声を上げ、アルニコ磁石を何回も何回も入れては出して電流が流れていることを確かめた。永久磁石を静止した状態では電気は生じないが、永久磁石を出し入れするとコイルには電気が流れるのである。しかし、不思議なことにアルニコ磁石を入れた時と出した時では、針の振れる方向が

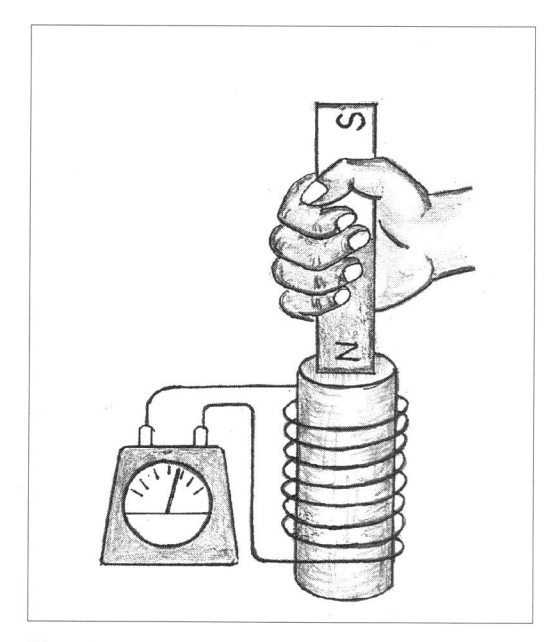

永久磁石が静止状況だと電流は流れないが、コイルに永久磁石を出し入れすると電流が流れた！

逆になる。さらに、アルニコ磁石の極を逆にして入れても、針の動く向きは逆になる。電気が起こっていることは分かるが、電流計の針の振れる向きが逆になることの意味は、よく分からないという子どもが多いようである。ここで、「みんなの予想は当たったのかな？」と尋ねてみた。永久磁石を入れたり出したりした瞬間だけ電気が起きると予想した子どもは誰もいない。だからと言って完全にはずれたわけでもない。子どもたちの答えは、「微妙！」というものであった。

④作った電気で電子メロディーが鳴るか確かめる

ここで、「みんなが作った電気で何か仕事ができるだろうか？」と尋ねた。電気がする仕事として、子どもに真っ先に思い浮かぶものは何といっても豆電球である。子どもたちは全員が「豆電球をつけてみる」と答えた。しかし、豆電球を点灯させるには相当の電力が必要であり、本時で使っているコイルとアルニコ磁石の発電では難しい。そこで、比較的少ない電力でも鳴る電子メロディーを紹介し実験することを提案した。電子メロディーは本学級の子どもたちには初めての体験なので、始めに乾電池を使って鳴らさせてみた。「エリーゼのために」や「バースデーソング」のかわいい音が子どもたちの耳に心地よく聞こえた。さらに、アルニコ磁石に替えてさらに強力なネオジム磁石を使うことにした。しかも、効率よく磁石を出し入れするために、ネオジム磁石を入れたアクリルパイプを親指と人差し指で挟んで左右に激しく振ればいいことを教えた。さて、これで電子メロディーは鳴るだろうか。

いよいよ実験開始である。コイルを巻きネオジム磁石を入れたアクリルパイプを激しく左右に振った。「アッ！音が聞こえる！」。子どもたちは電子メロディーに耳と近付けて歓声を上げた。「ピ、ピ、ピ」と小さな音が途切れ途切れに聞こえるではないか。確かに音は出ている。

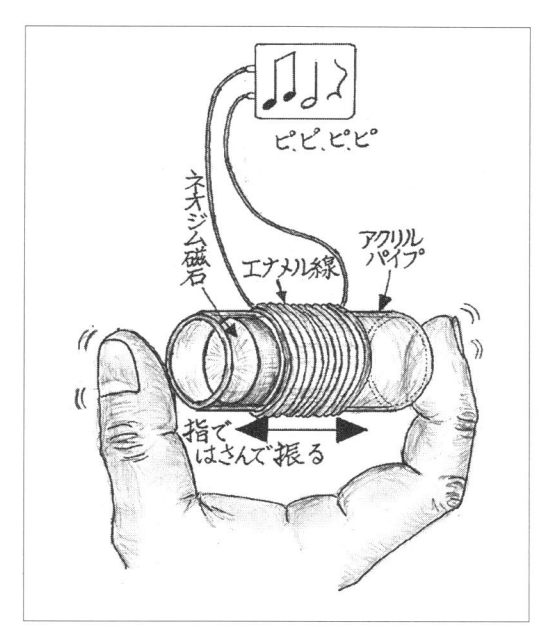

ピ、ピ、電子メロディーが鳴った！

　しかし、なぜか音は途切れ途切れなのだ。音が出てるのだから、電気が流れていることは分かった。とりあえず発電は成功である。しかし、「どうして音が途切れ途切れに聞こえるのかな？」と、一様に不思議に思った。

　⑤どうしたら電子メロディーを鳴らせるか考える（乾電池で鳴らす時とどこが違うかを基準に考えさせる）

　ここで、どうして乾電池を使った時のように音が出ないのか子どもたちに考えさせた。ところが、これはかなりの難問だったようである。始めのうちは予想がつかないという子どもが半分ほどいた。しかし、乾電池で鳴った時とどこが違うのかを考えさせると、「電気の＋－が逆に流れているからではないか」という予想が出た。始めは予想が付かなかった子どもたちも、多くがその考えに賛同した。電流計の針が０を中心に左右に振れることが、電流が逆に流れていることとようやく結び付いた様子である。乾電池を使う場合は電流計が常に一定の目盛をさすので電気は同じ方向に流れていると考えられるが、０を中心に交互に左右に振れるということは電気も左右に流れる方向を変えていることだと子どもたちは確信したのである。

　⑥電気を一方向だけに流す装置（ダイオード）を紹介する

　電気が交互に流れる向きを変えていることが音の途切れる原因なら、同じ方向に流れるようにしてやればよい。しかし、これは子どもたちにとって未知の体験である。そこで、電流を一定方向に流す道具としてダイオードを紹介した。このダイオードを回路にはさむと、一方向には電気が流れるが、逆方向には流れないことを説明した。子どもたちは初めて見るダイオードに興味津々である。このダイオードを回路にはさむと、本当に電子メロディーは鳴るのだろうか。子どもたちは、期待に胸を膨らませて実験を始めた。ところが音は、やっぱり「ピ、ピ、

実践事例：6学年　「電気の利用（発電）」の実践 ｜ 157

ピ、ピ」としか出ない。これはいったいどうしたことか。音が途切れる理由は一つ。電流が流れていない瞬間があるとしか考えられない。ダイオードは電気の流れを一方通行にするが、それでも電流が流れない瞬間があるというだ。そこで、回路に電流計を挟んでみた。すると、電流は一方向にしか流れていないが、振れては0に戻り、振れてはまた0に戻る。この0に戻るときは、電流が流れていないのである。子どもたちは納得した。と同時に、どうしたら電子メロディーを鳴らせるか考え込んだ。

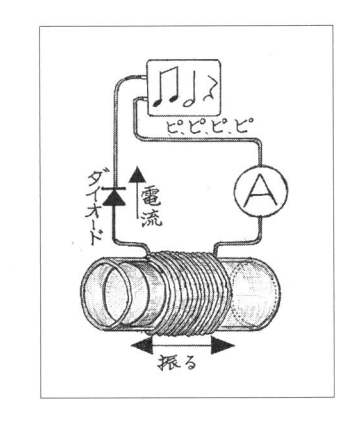

⑦電気をためる器具（コンデンサー）を紹介する

この問題は、電気を休みなしに流す方法があれば解決する。子どもたちはしばらく考えたがいいアイデアが出ないので、「高い物を買いたくてもお金が足りないと買えませんね。そんな時みんなだったらどうする？」と尋ねた。すると、すぐに「貯金する」という答えが返ってきた。そこで、「電気をためておく方法はない？」と尋ねると、すぐ「バッテリーや充電式の乾電池に貯めればいい！」と思い付く子がいた。

そこで、バッテリーや充電式乾電池と同じ働きをするコンデンサーを紹介した。さらに、ダイオードも含めた回路の作り方を教えた。さて、これで電子メロディーは鳴るだろうか。子どもたちはコンデンサーの働きに興味津々である。

⑧コンデンサーとダイオードを使って電子メロディーを鳴らす

子どもたちは教えられたとおりに回路を作り実験した。コイル付きのアクリルパイプを10秒くらい激しく振ると、電子メロディーから音が出始めた。始めのうちは電流が足りないのか間延びした感じだったが、次第にテンポが良くなり、30秒くらい振り続けると乾電池の時に負けないくらいのきれいな音楽になった。子どもたちは「すごい！鳴った！」と歓声を上げ、顔を見合わせて思わず微笑んだ。

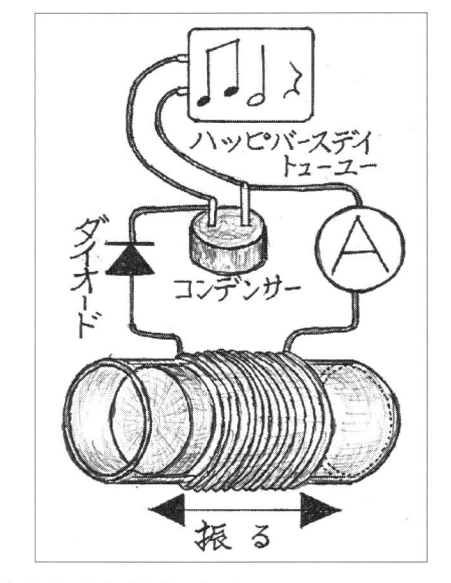

そこで、「今度は電子メロディーの代わりにLEDが点灯するか試してみよう」と呼び掛けた。子どもたちは、「たぶんつくんじゃない」と予想して、コイルを振り始めた。これも始めのうちは点灯しなかったが、30秒ほど振り続けると、少し明るくなり、1分後には輝くような明るさになった。「ついた！すごい！」子どもたちは大喜びである。

始めは確かに電気が起こっていることは分かっていたのだが、その電気を何かに活用できる

という確信がなかったので、発電しているという意識は低かったようである。しかし、実際に電子メロディーを鳴らしLEDを点灯させた時には、確かに発電したことを実感し、大きな感動を味わった様子であった。

　⑨**実験の結果をまとめる**

　本時のまとめを自由に書かせたところ、多少の表現の違いはあってもほとんどの子どもが次の３点を記述した。

　ア．永久磁石をコイルに出し入れすると（コイルの中に永久磁石を入れて振る）、電気を作ることができる。
　イ．電気はコンデンサーに蓄えることができる。
　ウ．電気はダイオードによって一方通行にすることができる。

　何といっても、自分たちで発電し、その電気で電子メロディーを鳴らしたり、LEDを点灯させたりできたことに驚き、科学の面白さを十分に味わうことができた。

5　本実践を振り返って

①本時の評価

　評価規準に照らして本時を振り返ると、「①検流計の針の振れから電気が起きたこと」については、全員が理解できたと評価している。ただし、針の振れの方向が交互に逆向きになることと電流の向きが逆転することとの関係については、すぐには気が付かなかった子どもが約半数いた。しかし、乾電池につないだときには同じ方向に一定の電流が流れたことと対比して考えることによって、ほとんどの子どもが電流の流れる方向が逆転していることに気付くことができた。

　また、「②コンデンサーに電気をためることによって大きな電流にできること」についても、電子メロディーを鳴らすという目的があり、コンデンサーを活用することによって課題が解決するという流れの中で、コンデンサーの機能のすばらしさを実感したと考えている。始めにコンデンサーありきでその機能について学ばせるのではなく、電気を蓄える必要性の場面をいかに設定するかが課題であり、本展開ではそれが成功したのではないかと考えている。

②本単元の提案

ア．電流の流れる方向について

　本時のように交流を扱うと、子どもが電流の方向について考えざるを得ず、結果として「コイルに永久磁石を出し入れするごとに、電流の方向が逆転しているようだ」という結論に至っている。電流の流れる方向については、普通は４学年において乾電池の＋－を入れ替えるとモーターの回転が逆になることから、＋から－に流れることを学んでいるケースが多いが、理解

が観念的なため定着のレベルは怪しい。理解に実感が伴っていないからである。そのため、豆電球が点灯する現象について、右図のように＋の電気と－の電気が衝突して光っているというイメージの子も決して稀とは言えない。こうしたイメージを確実に修正するために、本学習では、検流計が０を中心に左右に振れる現象を繰り返し見せたい。そのことによって、全ての子が電流は一つの方向に回って流れる回路をイメージするものと期待している。

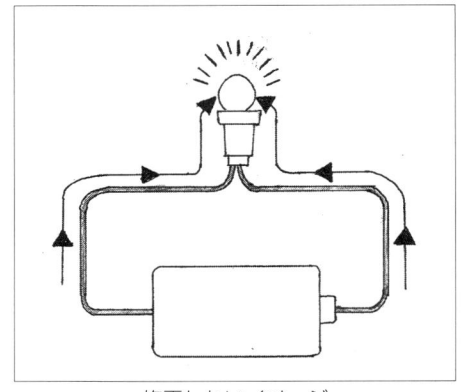

修正したいイメージ

イ．ダイオードによる整流について

コイルに永久磁石を出し入れして発電することの学習には、必ず直流と交流という問題が派生する。小学校では直流しか念頭にないだけに、厄介な問題だと考える教育関係者も多い。発電の学習の教材として手回し発電機を扱うことには、この問題を避けるという意図が当然あったものと考えられる。

しかし、実生活の中では交流が使われており、多くの電気器具は交流を直流に整流している。そういう意味では、ダイオードは直接子どもの目に触れることはなくても、教育関係者が思っている以上に身近な装置なのである。さらに、科学技術立国を目指す我が国である。ダイオードについて一部電気・工業関係者を除けば知らない人の方が多いという現実に照らしても、コンデンサーに限らずダイオードについてもその役割について学校教育の場で教えていく必要があるのではないかと考える。その際、小学校段階では、直流や交流という表現まで指導する必要はない。乾電池とは違って相互に逆転して流れる電気もあり、片側の方向にしか電気を流さない装置としてダイオードがあるという程度の説明で、子どもは十分納得するものと考えている。

③子どもの感想

本授業を終えて、子どもたちの心に残っていることを箇条書きに書かせてみた（複数記述）。子どもの文を要約して多い順に整理したのが次の表である。

【授業の中身に関する感想】　　　　　　　　　　　　（児童数32名）

No.	記　述　の　内　容	人数
1	本当にファラデーのように電気が作れたので驚いた。うれしかった。	27名
2	ファラデーは人類のためにとても役に立ったので尊敬している。	22名
3	コンデンサーやダイオードはとても便利だ。ハイテクだ。不思議だ。	18名
4	ファラデーが電気を作ろうといろいろ工夫し成功したところがすごい。	16名

5	コイルに磁石を入れると電流が流れると考えた逆転の発想がすごい。	12名
6	コンデンサーやダイオードを使うと使える電気になるのが面白い。	10名
7	ファラデーは貧しい中でも努力して偉大な科学者になったのがすごい。 コンデンサーがない時代にどうやって使える電気にしたのだろう？	8名
9	理科・科学にとても興味を持った。もっと知りたい。科学はすごい。 発明や発見をする科学者のおかげで今の生活があるので感謝している。	各 6名
11	コンデンサーやダイオードは誰が発明したのか？どんな仕組みかな？	4名
12	ファラデーと似たような実験をやれてうれしかった。 電気を作るために次々と実験したことが楽しかった。 たくさんの科学者が発電に関わっていることに驚いた。 コンデンサーもダイオードもない時代に発電したところがすごい。	各 3名
16	自分たちが作った電気がそのままでは使えなかったが悔しかった。 ファラデーの技術が今の発電の基礎になっているところがすごい、	2名
18	導線の周りにできる磁力が発電のもとになっているところがすごい。 コイルを出し入れする時しか電気が流れないことが不思議だった。 電気を作るのはなかなか難しいと思った。 始めに電子メロディーが鳴らなかった時とても残念だった。 これからも永久に電気は作ることができると思った。 永久磁石より電磁石の方が便利なことがたくさんあると思った。 ファラデーが発電のためにどんな道具を使ったのか知りたい。	各 1名

　苦労はしたが、最後に電子メロディーが鳴ったことにとても感動したという感想が多かった。まさか自分に作れると思っていなかった電気を、自分たちの力で作れたことは何にも増してうれしいことだったようである。最初に作った電気がそのままでは使えないので、ダイオードやコンデンサーを使って一つずつ課題を克服していった追究の過程がとても楽しく、結果として理科や科学が好きになったという子が少なからずいたことは大収穫であった。

　コンデンサーやダイオードに対する関心が非常に高い。そのおかげで電子メロディーが鳴ったことからとても便利なもので、「どんな仕組みになっているのか」や「誰が発明したのか」などを調べてみたいと思っている子が数名いる。このことからも、子どもを科学の世界に誘う授業だった言えるのではないか。子どもにとって決して楽な授業ではなかったが、苦労してそれを乗り越えた分、発電の仕組みを実感を伴って理解できたと考えている。

　また、ファラデーに関しては、ファラデーの功績に驚き、尊敬したり感謝したりするにとどまらない。永久磁石にコイルを巻くと電流が流れるのではないかと考えたファラデーの逆転の発想に驚き、自分たちはさんざん苦労したのにコンデンサーもダイオードもない時代にファラデーがどんな方法で発電したのか知りたいと思っている。子どもたちは科学の世界に引き込まれ、科学への興味・関心を高めている。

　本学習における科学史の活用は、ファラデーの思考経路を追体験することにあった。その目的は、発電の仕組みを子どもが実感を伴って理解することである。その目的の達成はもちろんのこと、それ以上に科学と人間の暮らしとの関係を考え、全員が科学に対する価値観を高める

授業になったのではないかと考えている。

④**本実践の課題**

- コイルに永久磁石を出し入れする発電。電流の流れる方向を扱い、ダイオードを使用する展開。本単元の提案事項はそのまま課題でもある。手回し発電機を使用する展開よりは間違いなく面白いので子どもは真剣に考え追究するが、その分難しさもある。コイルと永久磁石による発電でも、もっと子どもが楽に追究できるやり方があるのかもしれない。今後、より単純化した実践を期待したい。

- コイルの教材研究の深化。より発電効率の高いコイルとはどんなものか。導線の巻き数は、アクリルパイプの長さはなど、今後さらに検討の余地がある。

- 教材として電子メロディーとLEDではどちらが適当か。電子メロディーは整流する前でも「ピ、ピ、ピ、ピ」と音が出ることから、きちんとした音にするためにいろいろ工夫が必要で、追究の流れを作りやすいことから今回使用した。もっとシンプルな展開として、始めからLEDを点灯させる装置を使用する方法もある。

- 理科教育とエネルギー教育の融合を図らなければならない場面である。エネルギー問題への関心が高い今だからこそ、火力や水力のミニ発電機などを活用して、実際の発電の仕組みに対する理解を深める学習が必要である。そのことによって、子どもはファラデーの功績を実感し、科学と人間生活との関係を深く考えるようになることが期待される。そして、地球環境の未来に対して自分なりの考えをもち実践化につなげていく。このように、科学の功罪を考えながら、地球人としての生き方や在り方まで考える「総合的な学習」に発展する実践を期待したい。

- 本単元の主役であるファラデーにしても、ライバルのヘンリーにしても、恵まれない家庭環境にありながら苦学して偉業を成し遂げた。そして、ファラデーは権力よりも生涯一研究者であり続け、ヘンリーは金銭よりも人類全体の利益を考えた。二人には人としての在るべき姿という点で、何かしら共通するものがある。打算と計算が支配する現代社会だからこそ、二人の生き様に感銘を受ける人は多い。科学の意味や人としての在り方を改めて問い直すという点で、二人の人生経路は一級の教材になるだろう。今後は、理科教育と道徳教育や読書指導とを横断するような人間教育が求められる。その架け橋となるような実践を期待したい。

（工藤　隆継）

参考文献

「天才科学者たちの奇跡」　　　　三田誠広著　PHP文庫
「電気発見物語」　　　　　　　　藤村哲夫著　講談社
「人類を変えた科学の大発見」　　小谷　太郎著　中経文庫
「物理学天才列伝」上　　　　　　ウィリアム・H・クロッパー著　水谷淳　訳

あとがき

　SSTA青森支部では、平成16年度より当時の支部長 工藤隆継先生のご指導により、科学史を授業に取り入れる研究をスタートさせた。それまでも、教材開発には支部を挙げて熱心に取り組んでいたのだが、協議を重ねる度に、科学史上、誰が発明して、当時はどんな方法や道具を使って実験していたのかということまで話題となり、その都度、工藤先生に解説していただいた。その解説を聞いていた全会員がとても共感するとともに、「是非子どもにも聞かせてあげたい。きっと興味・関心を高め、これまで以上に追究の意欲を高めるに違いない」と感じた。私自身もその一人である。科学史にふれたことで先人の閃きや発見の苦労に感動し、単元や授業の構成を工夫するなど、理科の授業が変容していく様子が会員から次々と報告されるようになった。工藤先生も、「科学史は理科の授業内容を深め、子どもに本物の力をつけ、日本の理科を変える可能性がある」と確信されたようである。

　このことは、実践を重ねていく中で私たち自身も感じたことである。その手応えを研究会の全員が共有し、7年あまりの研究の積み重ねを、本著の発行という形で発信できることは、支部会員の一人として、感激に堪えないところである。

　そして、本著が日本の理科教育・科学教育の進展にささやかでも寄与できればまことに幸いである。これを機に、私たち青森支部会員は、さらなる実践の発信を目指して、本研究をより一層深めていきたいと考えている。今後とも、多くの皆様のご批評、ご指導を賜ることができれば幸いである。

　最後に、本研究を進めるにあたりたくさんのご指導やご助言を賜った、早稲田大学 露木和男先生、大阪教育大学 松本勝信先生、弘前大学 東 徹 先生、また、本書の発行に特段のご配慮とご支援をいただいた学校図書株式会社様、ほか関係各位には、心より感謝申し上げたい。

　今、東北地方は、東日本大震災の復興の途上にあり、現在も避難所にて6千人余りもの人々が生活している。そんな中、大地震や福島原発の事故の被害状況を見据えながら、各地では理科教育・科学教育の重要性を再認識し、新たな取り組みも始まっている。「未来に生きる子どもたちのために」という思いを共有しながら、私たちは怯むことなく、これからも確実に歩を進めていきたいと考えている。

平成23年9月11日
SSTA青森支部長　河原木　聡
（青森県教育庁　三八教育事務所　次長）

著者紹介

工藤 隆継
（くどう たかつぐ）

1950年8月生まれ　青森県弘前市出身
弘前大学教育学部卒
前青森県南部町立名久井小学校校長
前SSTA（ソニー科学教育研究会）常任理事
前SSTA青森支部長

著書
「全心的理解に向かう子ども」、「自然おもしろ学は語る」
「総合の扉をひらこう」、「本当に日本一になっちゃった」など。

松山 勉
（まつやま つとむ）

1965年6月生まれ　青森県三沢市出身
北海道教育大学教育学部函館分校卒
現青森県七戸町立天間東小学校教諭
ソニー科学教育研究会青森支部　研究部長

久保 慶喜
（くぼ よしのぶ）

1970年5月生まれ　青森県八戸市出身
弘前大学教育学部卒
現青森県南部町立名久井小学校教諭
ソニー科学教育研究会青森支部　事務局長

大島 朋幸
（おおしま ともゆき）

1971年5月生まれ　青森県八戸市出身
宮城教育大学教育学部卒
現青森県南部町立名久井小学校教諭

新教育21シリーズ
科学史の活用で理科が変わる

2011年10月17日　　初版第1刷発行

著　者　　工藤　隆継／ソニー科学教育研究会青森支部
発行者　　奈良　威
発行所　　**学校図書株式会社**
　　　　〒114-0001　東京都北区東十条3-10-36
　　　　TEL 03-5843-9432　FAX 03-5843-9438
　　　　http://www.gakuto.co.jp

ISBN 978-4-7625-0138-8
Printed in Japan